www.tredition.de

Über die Autoren

Markus Müller (Hrsg.) ist Inhaber eines Mastertitels in Marketing und einem in systemisch-lösungsorientiertem Coaching. Müller war jahrelang für national und international renommierte Unternehmungen tätig. Danach baute er eine anerkannte regionale Vermarktungsorganisation auf und leitete diese über zehn Jahre sehr erfolgreich. Seine Erfahrungen gibt er heute als selbständiger Business Coach und Gastdozent an verschiedenen Fachhochschulen weiter.

Claude Wagner hat Sprachwissenschaften, Didaktik und Pädagogik studiert. Als Gemeinderat (Exekutive) war er zuständig für das Standortmarketing. Seit 1999 arbeitet er an der Fachhochschule Nordwestschweiz als Professor für Kommunikation, seit 2006 mit Schwerpunkt «Standortmarketing». Er ist als Berater und Trainer für öffentliche Verwaltungen tätig, begleitet Studierendenprojekte und ist Kursleiter des Fachkurses «Standortmarketing».

Thomas Helbling arbeitete nach seinem Abschluss in Betriebswirtschaftslehre im Tourismus und Öffentlichen Verkehr. Er war massgebend an der Repositionierung einer führenden Bergtourismusdestination beteiligt. Als Geschäftsleitungsmitglied sammelte Helbling Erfahrungen in der Industrie und im Gesundheitswesen. Seit 2001 arbeitet er an Fachhochschule Nordwestschweiz als Professor für Marketing. Nebst der Lehrtätigkeit stehen Beratungs- und Forschungsprojekte im Themenfeld «Kundenorientierung» und «Preisbildung für erklärungsbedürftige Leistungen» im Zentrum. Er ist verantwortlich für das Kapitel «Kundenorientierte Verwaltung: Ein Element des Standortmarketing-Mix'».

Zusatzinformationen zum Buch und zu den Autoren online über:

www.publicmarketing-publicinnovation.com

Markus Müller (Hrsg.)

Claude Wagner

Thomas Helbling

Public Marketing. Public Innovation.

Ein praktischer Leitfaden für modernes, vernetztes Standortmarketing

www.tredition.de

Umschlaggestaltung, Markus Müller, soulworxx.ch
Grafiken, Tabellen: Markus Müller, soulworxx.ch
Titelbild: fotolia.de
Luftbilder: google.com/maps (bearbeitet)
Bild Golden Gate Bridge: fotolia.de
Bild Winterthur: Markus Müller

Verlag: tredition GmbH, Hamburg
ISBN: 978-3-8495-7628-8
Printed in Germany

Bibliografische Information der Deutschen Nationalbibliothek:
Die Deutsche Nationalbibliothek verzeichnet diese Publikation in der Deutschen Nationalbibliografie; detaillierte bibliografische Daten sind im Internet über http://dnb.d-nb.de abrufbar.

Inhaltsverzeichnis

Vorwort

Im deutschsprachigen Raum Europas haben Standortmarketing und Wirtschaftsförderung bereits eine langjährige Tradition. Zahlreiche Regionen zählen, unabhängig voneinander, zu den Pionieren in diesen Disziplinen. Der zunehmende globale und nationale Wettbewerb unter den Regionen, wirtschaftlicher Rückstand oder einseitige Abhängigkeiten von einzelnen Branchen, Abwanderung oder sinkende Steuererträge haben zu diesen Initiativen geführt. Den Pionieren gemeinsam ist der Umstand, dass sie ihre Strategien und Instrumente sozusagen von Grund aus selbst entwickeln und ohne breite Erfahrungsbasis umsetzen mussten.

Bis heute sind fachkundige und praxisnahe Publikationen im Bereich Standortmarketing selten. Die Entwicklung im Standortwettbewerb bleibt nicht stehen und die Herausforderungen in einem zunehmend professionellen Umfeld steigen weiter. Das vorliegende Fachbuch ist deshalb nicht nur für die Standortmanager, sondern auch für die Entscheidungsträger in Politik, Verwaltung und auf Seiten der Unternehmerinnen und Unternehmer sehr willkommen.

Die Autoren haben es verstanden, einen guten Überblick zu den Aufgaben, Instrumenten und Möglichkeiten im Standortmanagement zu schaffen. Es gibt klärende Darstellungen der Aufgaben und Rollen der verschiedenen Akteure und Stakeholders im Standortmarketing. Die «Rezepturen» zu Change-Management und Innovation in und für Regionen sind praxisnah und wertvoll. Die Abschnitte über Marketing, Social Media und die zahlreichen Beispiele von inhaltlichen und grafischen Positionierungen von Standorten sind lehrreich.

Das Buch regt für die weitere, vertiefte Auseinandersetzung zu Fragen des Standortmarketings an. Gleichzeitig eignet es sich als Fachlektüre über die faszinierende Welt des Standortmanagements sowohl für Experten als auch für Neueinsteiger.

Keine Frage, die Herausforderungen im Wettbewerb der Standorte werden weiter zunehmen. Gut gibt es Experten und erprobte Praktiker, die bereit sind und den Aufwand nicht scheuen, ihr Wissen und ihre Erfahrungen mit anderen zu teilen und weiterzugeben.

Robert E. Gubler

Präsident Schweizerische Vereinigung für Standortmanagement SVSM

Einleitung

Markus Müller

Im Standortwettbewerb unterscheidet man zwischen drei verschiedenen Stufen. Auf der «untersten» Stufe treten Arbeitskräfte gegeneinander an. Der «War of Talents» wird hart geführt. Unternehmen bevorzugen die in ihren Gebieten besten Arbeitskräfte und geben nicht selten viel Geld dafür aus, ausgewiesene Spezialisten von Mitbewerbern abzuwerben. Besonders ausgeprägt ist dieses Vorgehen beispielsweise im Bankensektor, wo es vorkommt, dass ganze Teams den Arbeitgeber wechseln. Der Wettbewerb bei den Arbeitskräften wird zusätzlich verschärft durch eine fortschreitende Internationalisierung des Arbeitsmarkts. Des Weiteren darf in diesem Zusammenhang die Tendenz zum Outsourcing nicht vergessen werden. Während früher die meisten Kompetenzen «inhouse» vertreten waren, werden heute immer mehr Arbeiten von Spezialisten erledigt. Das können Freelancer oder aber spezialisierte Agenturen, Zulieferanten oder Abnehmer in der Wertschöpfungskette sein (vgl. Bristow 2005, Malecki 2004).

Auf einer weiteren Stufe des Wettbewerbs bewegen sich die Unternehmen. Der klassische Wirtschaftswettbewerb ist verhältnismässig komplex. Unternehmen konkurrieren zum einen auf Produkt- und Dienstleistungsmärkten miteinander. Zum anderen sind sie auf Faktormärkten «Gegner». Der Erfolg basiert dabei auf internen Faktoren, wie Prozessen, Abläufen, Organisation, Innovation oder der Bereitschaft, bzw. dem Willen zur permanenten Veränderung. Aber der Erfolg basiert auch auf externen Faktoren, wie Arbeitskräfte, regulatorischen und technologischen Faktoren und nicht zuletzt von Standortvorteilen, die sich aus der geografischen Lage oder Steuerfaktoren zusammensetzen (ebd).

Das führt letztlich zum Wettbewerb der Standorte. Diese konkurrieren einerseits um Unternehmen, indem sie versuchen, das beste Wirtschaftsumfeld zu bieten. Die Gestaltungsmöglichkeiten sind mehr oder weniger gegeben. Es handelt sich dabei um die Faktoren Steuern, Infrastruktur und Institutionen (Bildungsinstitute, Verbände etc.). Es geht auch darum, wie gut das «Gesundheitsangebot» ist, ob genügend Freizeit- und Kulturangebote vorhanden sind oder ob Werte, Normen und Einstellungen mit jenen der Unternehmen übereinstimmen (vgl. North 1994).

Standorte konkurrieren andererseits auch um Bürgerinnen und Bürger, indem sie versuchen, die besten Konditionen im Wohnumfeld zu bieten. Die Faktoren sind ähnlich wie bei den Unternehmen. Wer bietet attraktive Steueransätze, wo gibt es die besten Schulen, Einkaufsmöglichkeiten, Kultur- und Freizeitstätten, wie weit liegen die nächsten Spitäler entfernt oder wie steht es um den öffentlichen Verkehr (vgl. Gubler/Möller 2006)?

Wettbewerb und Wettbewerbsfähigkeit

Paul Krugman, 2008 Nobelpreisträger für Wirtschaftswissenschaften formulierte 1994 seinen viel beachteten Satz, dass «Wettbewerbsfähigkeit (bei Gemeinden) zum Wettlauf der Besessenen» (vgl. Krugman, 1994) ausarten könne. Denn im Gegensatz zu den Verantwortlichkeiten in Unternehmen, sind die Kompetenzen und Zuständigkeiten für die Wettbewerbsfähigkeit bei Kommunen selten klar geregelt (vgl. ebd.). Im klassischen Organisationsmodell der Wirtschaft bilden Stake- und Shareholder in der Regel die oberste Instanz der Verantwortung. Danach folgt der Aufsichts- (D) oder Verwaltungsrat (CH). Und schliesslich die Geschäftsführung, welche die operative Umsetzung der strategischen Vorgaben vorzunehmen hat.

Der Erfolg im Unternehmenswettbewerb basiert überwiegend auf zwei Polen. Geht es dem Konsumenten und Käufer gut, geht es auch der Unternehmung gut. Wie auch umgekehrt. Im Standortwettbewerb hingegen bestehen drei Pole. Die Systemabhängigkeiten werden damit wesentlich komplexer. Es gibt nicht bloss Anbieter und Abnehmer. Der eine

Pol wird durch die Wirtschaft gebildet. Einen weiteren Pol bilden Bürgerinnen und Bürger als Steuerzahler. Und der dritte Pol wird durch die öffentliche Hand gebildet. Geht es den Unternehmen gut, profitieren Mitarbeitende von erhöhten Lohnzahlungen. In beiden Fällen erhält der Standort durch erhöhte Steuereinnahmen einen «Benefit». Der Standort wiederum hat einiges in der eigenen Hand, den Unternehmen und Steuerzahlern einen Standort vorzuweisen, der attraktiv ist, um gute Umsätze und damit gute Gewinne zu erzielen.

Traditioneller Ansatz der Verantwortung im Standortwettbewerb

Im althergebrachten Sinn ist der Standort dafür verantwortlich, dass er prosperiert. Durch politische Entscheidungen und Prozesse gibt er beispielsweise Steuererleichterungen oder gar Steuererlasse an Unternehmen weiter. Noch immer wird dieses Instrument als beliebte Massnahme angesehen, um Unternehmen, die letztlich auf Profitmaximierung achten, anzulocken. Gesamtvolkswirtschaftlich gesehen ist das eine Unsitte, denn damit werden keine Mehrwerte generiert, sondern lediglich Ressourcen verschoben.

Zeitgemässer Ansatz der Verantwortung im Standortwettbewerb

Das Verständnis, dass Standortmarketing im Zusammenspiel der erwähnten drei Pole wesentlich besser funktioniert, ist noch längst nicht durchgehend ausgebildet. Das Schlagwort der «Co-opetition» ist zwar hochmodern, hat sich aber längst noch nicht durchgesetzt. Die Theorie der «Co-opetition» besagt, dass zwischen Wettbewerbern strategische Allianzen gebildet werden, um durch die Bildung von Wertschöpfungsnetzen Erträge zu stabilisieren bzw. zu optimieren. «Co-opetition» soll dabei einen ruinösen Preiswettbewerb verhindern und damit zu Wettbewerbsvorteilen für alle Anbieter (Win-Win-Strategie) führen (vgl. Nalebuff/Brandenburger, 2009). Im Standortwettbewerb heisst dies verein-facht nichts anderes, dass sich die drei Pole Bürgerinnen/Bürger, Unternehmen und öffentliche Hand weg von der Rolle als Re-Akteure (Steuerzahler, Benützer von öffentlicher Infrastruktur) zu Akteuren wandeln. Jede Aktion im modernen System des Standortwettbewerbs hat einen Einfluss auf eine jeweils unmittelbar beteiligte Stelle (vgl. Porter, 2008).

Die öffentliche Hand profiliert sich im zeitgemässen Standortwettbe-werb nicht mehr bloss in der Rolle eines «Poles». Sie übernimmt aktiv die Rolle der Initiatorin und Moderatorin (vgl. Porter, 2008). Sie be-schränkt sich dabei auf die Schaffung und den Unterhalt von attraktiven Rahmenbedingungen, sowie übernimmt einen aktiven Lead. Das macht auch systemisch Sinn, denn die unternehmerische Freiheit und Verant-wortung der Privatwirtschaft wird damit nicht tangiert.

Anwendungsbeispiel

 Viele Gemeinden haben Trouvaillen, die es zu entdecken gilt. Beheimatet die Gemeinde gleichzeitig auch Hotels, Pensio-nen und gastronomische Betriebe, so sollen diese (privatwirt-schaftlich organisierten) Betriebe ihren Teil zur Verbesserung der Marktfähigkeit beitragen. Das kann zum Beispiel über die Erhebung einer bescheidenen Übernachtungstaxe gesche-hen. Der so zusammenkommende Betrag kann somit in gemeinsamer Absprache so eingesetzt werden, dass alle Stakeholder einen Nutzen daraus ziehen können.

Abhängigkeiten unterschiedlicher Wettbewerbsstufen

Der Standortwettbewerb findet global auf acht verschiedenen Stufen statt. Er beginnt auf der Meta-Ebene der Weltwirtschaft, geht weiter zu

Wirtschaftsblöcken (EU, NAFTA), zu Gruppen benachbarter Länder (bspw. frühere GUS, Gemeinschaft unabhängiger Staaten des ehemaligen Russlands) und zu Nationen. Eine Stufe tiefer folgen Metropolitanräume (bspw. Greater Zurich Area in der Schweiz), Kantone (Schweiz) oder Bundesländer (Deutschland/Österreich). Zuletzt folgen Regionen und Gemeinden (vgl. Porter, 2008).

Eine Aufzählung der Kantone/Bundesländer und Gemeinden in den DACH-Staaten (Deutschland/Österreich/Schweiz) zeigt, wie gross der Standortwettbewerb auf der untersten Stufe ist. In diesem – weltweit betrachtet – kleinen Raum agieren 51 Bundesländer und Kantone (D 16, A 9, CH 26) und 15'959 Gemeinden (D 11'197, A 2'354, CH 2'408) (Quelle: wikipedia.org; 2013, Stand 27.6.2013). Knapp 16'000 Gemeinden stehen im deutschen Sprachraum grundsätzlich im Wettbewerb miteinander. Eine riesige Anzahl an Kommunen, die sich – vereinfacht betrachtet – alle in der gleichen Branche bewegen. Im Unterschied zur Wirtschaft, wo permanent Flurbereinigungen stattfinden, indem Unternehmen in Konkurs gehen oder übernommen werden, findet im Wettbewerb der Besessenen, wie Paul Krugman (1999) es formulierte, eine solche Flurbereinigung nur sehr langsam statt. Während in einem klassischen Markt die Produkte oder Dienstleistungen eines konkursiten Unternehmens meist umgehend ersetzt werden, ist dies bei einer finanzschwachen Gemeinde nicht der Fall. Die «Assets» innerhalb einer Kommune gehören nicht alle der öffentlichen Hand. Bürgerinnen und Bürger können und/oder wollen nicht zwingend aus dem angestammten Wohnsitz wegziehen.

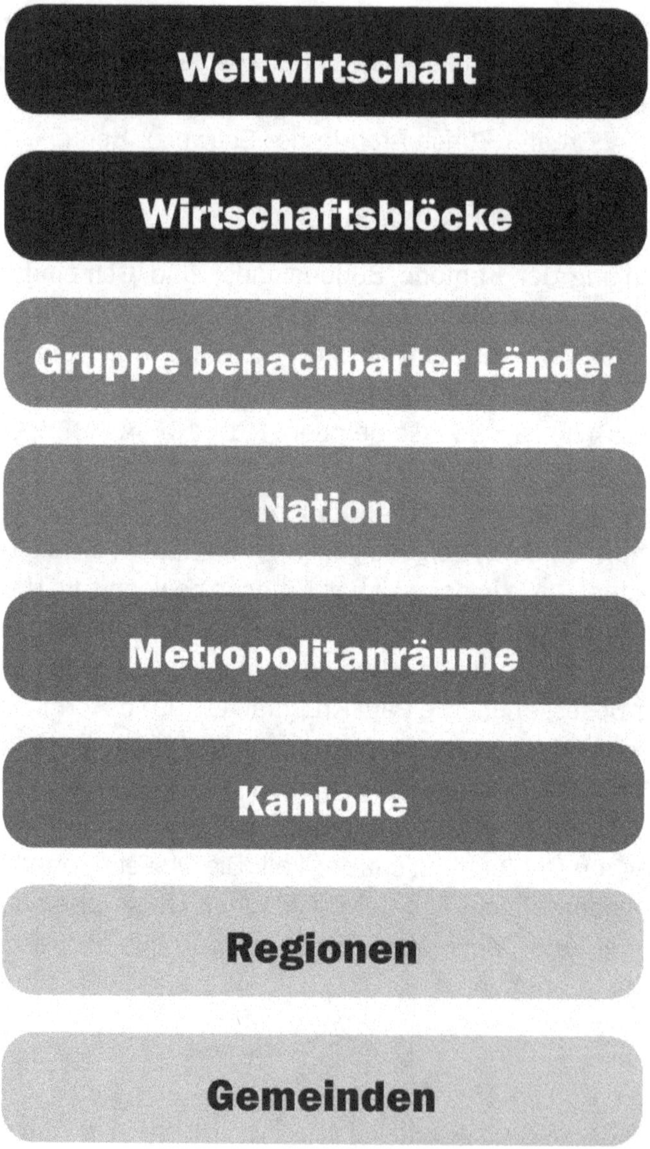

Weltwirtschaft

Wirtschaftsblöcke

Gruppe benachbarter Länder

Nation

Metropolitanräume

Kantone

Regionen

Gemeinden

Abbildung 1: Wettbewerbsstufen (Porter, 2008)

Nicht alle 16'000 Gemeinden in der DACH-Region können ein umfassendes Standortmarketing betreiben. Dafür fehlen in den meisten Fällen die finanziellen und damit auch die personellen Ressourcen. Auch systemisch betrachtet macht es wenig Sinn. Denn die kommunikative Reizüberflutung ist bereits immens. Der heutige Mensch muss täglich mit einer Informationsfülle umgehen, mit der sein Pendant im Mittelalter pro Jahr konfrontiert wurde. Die Quintessenz ist die selektive Wahrnehmung. Das menschliche Gehirn ist in der Lage, nur noch das Relevante zu erkennen und zu verarbeiten. Dabei gehen wohl mehr als 4/5 der publizierten Informationen verloren. Die Kunst ist es also, die Informationen so aufzubereiten, dass sie bei der wesentlichen Zielgruppe ankommen.

Ein wesentliches Element ist die Tatsache der Zusammenarbeit mit den verschiedenen Wettbewerbsstufen. In jedem Standort-Subsystem ist die Frage genau zu klären, für welche Aufgabe die jeweilige Stufe verantwortlich ist und wie die Zusammenarbeit aussieht. Je föderalistischer ein Staat organisiert ist, desto schwieriger wird diese Herausforderung. Speziell in der Schweiz, wo die Gemeindeautonomie noch einen sehr hohen Stellenwert hat, sind die Ansprüche und Erwartungen der Kommunen sehr hoch. Nicht selten geschieht es dadurch, dass Gemeinden ähnliche Aufgaben übernehmen, wie die darüber liegenden Wettbewerbsstufen.

Anwendungsbeispiel

Wessen Aufgabe ist etwa die Akquisition und Ansiedlung von Unternehmen? Macht es Sinn, dass sich Gemeinden, Regionen und Bundesländer/Kantone involvieren? Wäre es – im Sinne der Bündelung von Kräften - nicht intelligenter, diese Aufgabe einer Partei zu übertragen? Und damit innerhalb dieser co-opetitiven Partnerschaft sich auf die eigenen Kernkompetenzen zu beschränken?

Co-opetitive Partnerschaft auf allen Ebenen

Ausgangslage: Die Probleme

Claude Wagner

Um Lösungsansätze im Sinne einer co-opetitiven Partnerschaft, also für eine effektive und effiziente Organisationsstruktur, auf internationaler, nationaler, regionaler und lokaler Ebene aufzuzeigen, lohnt es sich, einen Blick auf eine problematische Situation, wie sie noch im Jahre 2010 in der Schweiz bestand, zu werfen. Damals sorgte eine Studie der Exportorganisation des Schweizer Staates, OSEC, für Aufsehen, denn sie kam zum Schluss, dass sich Staat und Kantone bei der Anwerbung neuer Firmen ungenügend absprechen würden (vgl. Gerny, 2010). Zwar investiere die Schweiz ins internationale Standortmarketing mit jährlich rund 30 Mio. CHF ähnlich viel wie vergleichbare Länder, zum Beispiel Österreich oder Schweden. Einiges werde aber doppelt und dreifach gemacht (vgl. ebd.).

In China seien z.B. sieben verschiedene Organisationen aktiv. Ein möglicher Investor erhielt bis zu zehn - zum Teil widersprüchliche - Dossiers. Nicht überraschend stellte die Studie fest, dass es zwischen dem Schweizer Staat und den einzelnen Kantonen auch keine Übereinstimmung über die Bedeutung der einzelnen Kriterien für die Standortwahl gebe: Die im Inland vorgenommene Gewichtung widersprach derjenigen der ausländischen Marktteilnehmer zum Teil entscheidend. So stand die politische Stabilität der Schweiz in der Aussensicht an erster Stelle, gemäss inländischer Wahrnehmung jedoch erst an elfter Stelle der 16 wichtigsten Faktoren. Ausserdem hielt die Studie fest, dass das Konkurrenzdenken zwischen den Kantonen sehr ausgeprägt sei. Das könne so weit gehen, dass der Erfolg eines ausländischen Wettbewerbers lieber gesehen werde als einer eines Nachbarkantons. Betrachtet man die «Aufgabenverteilung» von damals konkret, so fällt auf, dass das «Bereitstellen von Basisinformationen zur Schweiz» und die «Markt-Bearbeitung» (zum Beispiel in den entfernten Fokusmärkten wie China, Indien,

Russland, Mexiko und Brasilien) im Pflichtenheft sowohl vom Staat (OSEC) als auch von den 26 Kantonen wie auch von den Metropolitan-Organisationen (Basel Area, Greater Zurich Area etc.) zu finden war (ebd.).

Für die «Lead-Bearbeitung» und die «Angebotserstellung» fühlten sich Kantone und Metropolitan-Organisationen zuständig, nur gerade bei der «lokalen Ansiedlung» waren nur noch die Kantone gemäss Studie alleine zuständig (ebd.).

Betrachtet man zusätzlich die Ausgaben von international ausgerichteten Organisationen zur Vermarktung von Schweizer «Produkten» (wie Schweiz Tourismus, pro helvetia, sippo, SOFI, swiss export usw.) wird die Sinnhaftigkeit der Bündelung von Kräften im internationalen Standortmarketing noch offensichtlicher. Das Magazin «Cash» berechnete im Jahre 2006 sämtliche Ausgaben (ohne OSEC, kantonale und metropolitane Standortpromotion) und kam bereits damals auf ca. 243 Mio. CHF pro Jahr. Auch wenn sich die internationale Standortpromotion auf die Akquisition von Firmen konzentriert, sind Synergien zum Beispiel bei Messeauftritten abschätzbar.

Auch auf regionaler Ebene werden in der Schweiz immer mehr Standortmarketing-Organisationen bzw. -stellen geschaffen. So finden wir oft in der gleichen Umgebung ein regionales Tourismusbüro, eine Stadtmarketing-, eine regionale Standortmarketing- und eine regionale Wirtschaftsförderungs-Organisation, nebst der kantonalen Wirtschaftsförderung. Alle diese Organisationen werden ebenfalls von unterschiedlichen Trägerschaften finanziert. Daher fehlen Anreize, nach Kooperationsmöglichkeiten und Synergien zu suchen. Die eindeutige regionale Positionierung, die «Unique Selling Proposition» (USP) bzw. der «Unique Consumer Benefit» (UCB) wird entsprechend verwässert und potentielle Investoren und Neuzuzüger/innen auch auf regionaler Ebene mit unterschiedlichsten Informationen bedient. Auch die Stadt- und Gemeinderäte in der Schweiz werden mit vielfältigen, sich zum Teil gegenseitig konkurrierenden Gesuchen konfrontiert, was entsprechende Doppel-spurigkeiten wie auf internationaler Ebene vermuten lässt.

Mit dem neuen Raumplanungsgesetz werden in der Schweiz im Bereich Infrastrukturmarketing, also der Standortentwicklung, in Zukunft die Kantone mehr Kompetenzen zur regionalen Raum- und Siedlungsent-wicklung erhalten. Regionen, die z.B. als «Naherholungszonen» definiert werden, werden mehr landwirtschaftliche Zonen erhalten, gleichzeitig werden Bauzonen zurückgestuft (so die Ausführungen des Vizedirektors des Bundesamtes für Raumentwicklung (ARE), Michel Matthey, anläss-lich seines Vortrags im Rahmen der Jahrestagung 2012 des Schweize-rischen Verbands für Standortmarketing (SVSM)). Der Bedarf nach ei-nem einzigen Ansprechpartner pro Region wird also nicht nur in der Standortpromotion, sondern auch in der Standortentwicklung mittel- bis langfristig steigen.

Lösungsansätze für eine «co-opetitive» Partnerschaft

Die Undurchschaubarkeit der oben geschilderten Situation in der Schweiz zeigt die Notwendigkeit einer Komplexitätsreduktion auf orga-nisatorischer Ebene auf. Kantonale Strukturen entsprechen je länger je weniger den funktionalen Bedürfnissen von Regionen und ökonomi-schen Räumen. Im Bereich Infrastruktur zum Beispiel werden Entlas-tungsstrassen bis zur Kantonsgrenze gebaut und somit wird der Stau einfach in den Nachbarkanton verschoben, was dem Transitverkehr nichts nützt. Da Metropolitan- und Regionalorganisationen der Idee von funktionalen Räumen entsprechen (vgl. Kap. Fokus auf vernünftige Ver-marktungsgrössen), bieten sie eine effektive und effiziente Alternative zu den politischen Strukturen (Kantone, Bundesländer etc.), sie sind auf Wirtschaftsräume ausgerichtet und somit auch auf die effektiven Be-dürfnisse der Arbeitnehmenden, der Arbeitgeber, der Touristen und schlussendlich auch der ganzen Bevölkerung.

Definition Metropolitanraum

Unter Metropolitanräumen werden Verflechtungen von Agglomerationen mit hohem Kontakt zueinander verstanden. Eine Agglomeration wird als Verflechtung von Wohn- und Arbeitsorten definiert, also eine Ansammlung von Gemeinden mit insgesamt mindestens 20'000 Einwohnern um eine Kernstadt. Wirtschaftsräume wiederum werden als Verflechtungen von Metropolitanräumen mit hohen ökonomischen Bezügen zueinander verstanden (vgl. Gubler/Möller, 2006).

Das folgende Modell soll die oben geschilderte Vision veranschaulichen:

Ebene 1

Staat

Der Staat (z.B. OSEC) definiert die internationale Fokussierung (Strategie) im Bereich Standortpromotion und koordiniert die Einsätze der einzelnen Metropolitan-Organisationen und den Einbezug von verwandten Organisationen wie z.B. Schweiz Tourismus.

Kernaufgaben: Basisinformationen aufbereiten, Organisation der co-opetitiven Partnerschaft unter den einzelnen Metropolitan-Organisationen zur Marktbearbeitung.

Ebene 2

Metropolitan-Organisationen

Sind für das internationale, operative Geschäft zuständig (effektive Marktbearbeitung). Sie sind auch für die strategische Fokussierung des Metropolitanraums zuständig und koordinieren die Aufgaben und Einsätze der Regionalmanagement-Organisationen innerhalb ihres Metropolitanraums

Kernaufgaben: Marktbearbeitung, Lead-Bearbeitung, Organisation und Koordination der co-opetitiven Partnerschaft der einzelnen Regionalmanagement-Organisationen auf Stufe Angebotserstellung und lokale Ansiedlung.

Ebene 3

Regionalmanagement-Organisationen

Sind für das regionale, operative Geschäft zuständig. Sie sind auch für die strategische Fokussierung der Region (inkl. Raumplanung) zuständig und koordinieren die Aufgaben und Einsätze der Stadt- und Gemeindeverwaltungen und weiterer verwandten Organisationen wie z.B. die regionalen oder städtischen Tourismus-, Kultur-, Sport-Organisationen.

Kernaufgaben: Angebotserstellung und lokale Ansiedlung in Zusammenarbeit mit Stadt- und Gemeindeverwaltungen.

Dieses Modell hat den Vorteil, dass es im Sinne des Kaskaden-Prinzips die Zuständigkeiten auf internationaler, überregionaler und regionaler Ebene definiert und somit die Transparenz und die Vergleichbarkeit der Leistungen der einzelnen Organisationen ermöglicht. Es fördert die co-opetitiven Partnerschaften auf allen Ebenen. Die politischen Grenzen (Kantone, Bundesländer) werden jedoch bei diesem Modell im Bereich der Standortpromotion zugunsten von grösseren Einheiten, den Metropolitanräumen, «ausgehebelt». Dadurch müsste auch die Finanzierung dieser einzelnen Organisationen, z.B. in der Schweiz, durch den Staat und nicht mehr durch die Kantone, Städte und Gemeinden sichergestellt werden, weil sonst das Risiko von weissen Flecken (wenn ein Kanton aussteigt) gleich hoch wie bis anhin wäre.

Denkbar wären auch Private-Public-Partnerships, der Lead müsste jedoch auf Staatsebene bleiben. Erste Schritte in Richtung dieses Modells machen in der Schweiz jüngere Organisationen wie Brugg Regio, indem sie zumindest Tourismus, Kultur, Wirtschafts- und Standortpromotion unter einer Dachmarke zusammenführen. In Deutschland und Österreich gibt es zudem bereits Regionalmanagement-Organisationen, ganz im Sinne dieses Modells. Im Gegensatz zu den Verwaltungen von kleineren Städten oder Gemeinden könnten diese Organisationen für eine starke, regionale Identität mit einer klaren und stringenten Positionierung (USP) sorgen. Sie könnten ein Angebot des Typs «One-Stop-Shop» sicherstellen, eine einzige physische Schalterstelle für Ansiedlungswillige bzw. potentielle Interessenten und mit zusätzlichen virtuellen, multifunktionalen Schalterstellen diverse ergänzende Dienstleistungen (z.B. für den Immobilienmarkt, für regionale Events, im Bereich Social Media) anbieten. Sie könnten ein regionales «Standort-»Magazin herausgeben, das über das kulturelle, politische, wirtschaftliche und sportliche Angebot unabhängig von grossen Verlegern informiert und somit die regionale Identifikation fördert. Auch auf die Entwicklung der regionalen Infrastruktur und der öffentlichen, lokalen Verkehrsmittel müssten sie bedarfsgerecht Einfluss nehmen können.

Der Mehrwert dieser Organisationsform unterteilt in lokale, regionale und metropolitane Aufgabenbereiche, die sich in einer co-opetitiven Partnerschaft gegenseitig befruchten, illustriert Gubler am Beispiel des Kantons Zürich. Dieser Kanton profilierte sich in der Vergangenheit hauptsächlich über die Banken und den Flughafen, «das ist zu wenig», so Gubler (Gubler, 2010): Wählt man als Raumgrösse die Metropolitanregion Zürich, so könnte das Limmattal mit dessen Biotech- und Cleantech-Unternehmen für die Ansiedlung neuer Firmen in diesen Branchen oder für Zulieferer oder Abnehmer zur besseren Vermarktung des gesamten funktionalen Raums «Zürich» dienen.

Auch die im Kanton Aargau eine Spitzenposition einnehmende Kunststoff- und Energiewirtschaft, die im Zürcher Oberland angesiedelten Auto-Zulieferer könnten ins Vermarktungspaket eingebunden werden. Die Kantone Appenzell und Glarus mit ihren zum Teil noch intakten Landschaften könnten zur Stärkung der Marke «Zürich» für Privatpersonen und Touristen beitragen. Dies gelingt jedoch nur, wenn die lokalen und regionalen Strukturen einen klaren Fokus definieren und so ihr Profil schärfen. Die Standortvorteile einer Metropolitanregion ergeben sich, wie Gubler dies treffend formuliert, «aus der Summe der kommunalen und regionalen Schwerpunkte» (ebd).

Vielleicht ist der finanzielle Leidensdruck in der Schweiz noch nicht so hoch, dass man auf solche Reorganisationen zurückgreifen muss. Rationalisierungs- und Skaleneffekte sind jedoch mehr als abschätzbar. Doch der politische Widerstand kann sicherlich als gross eingeschätzt werden, da die Kantonsparlamente an Einfluss verlieren würden und diese müssten einem solchen Projekt selbst zustimmen. Die Hauptschwierigkeit liegt jedoch im Überwinden der historisch gewachsenen Identifikation mit dem eigenen Kanton. Der Zürcher will sich vom Aargauer abheben können und umgekehrt. Die Implementierung solcher Strukturen müsste also über Teilziele erfolgen und langfristig geplant werden.

Dass dieses Modell nicht so abwegig ist und vor allem ein Problem löst, das zurzeit mittels Fusionen angegangen wird, zeigt ein Bericht der OECD aus dem Jahre 2002. Die OECD ging damals nämlich noch weiter und empfahl der Schweiz die Übergabe der gesamten Finanzhoheit von den Kantonen an die einzelnen Metropolitanregionen, dies basierend auf raumplanerischen Überlegungen: «Die funktionale Trennung innerhalb von Metropolitanräumen ruft ein anderes Phänomen hervor, das die [Schweizer] Städte unter einen gewissen Druck setzt. Die Umlandbewohner benutzen weiterhin die Dienste und Einrichtungen der Kernstadt, doch tragen sie nicht mehr zu ihrer Finanzierung bei [...]. Die räumliche Trennung von Wohnort und Ort der Nutzung von öffentlichen Diensten verursacht somit räumliche «spillover»-Effekte und Verletzungen der fiskalischen Äquivalenz, d. h. eine räumliche Trennung von Benutzern öffentlicher Dienste, einschlägigen Steuerzahlern und Beschlussfassenden. Die Verletzung der fiskalischen Äquivalenz wird durch die geringe Grösse der Schweizer Gemeinden und Kantone und die zahlreichen Grenzen zwischen unabhängigen Gebietseinheiten noch verstärkt. Räumliche «spillover»-Effekte stellen für grosse Städte eine besondere Belastung dar» (OECD, 2002).

Fokus auf vernünftige Vermarktungsgrössen

Was ist eine sinnvolle Vermarktungsgrösse? Diese Frage kann rasch beantwortet werden. Es sind funktionale Räume. Räume in denen sich das gesamte Leben einer Familie innerhalb von 20 bis 25 Jahren abspielt. Nicht etwa das Betrachten eines Zeitraumes von 12 Monaten. Dabei fallen viele Bedürfnisse weg, die eine Familie innerhalb einer Generation entwickelt. Wo bucht beispielshalber eine Familie in einer 200-Seelen-Gemeinde ihre Ferien (sofern sie dies nicht über das Internet tut...)? Wo besuchen die Kinder die Grundschule (dies geschieht vielleicht noch innerhalb der Gemeindegrenzen)? Wo die Oberstufe? Und viele weitere Fragen. Im folgenden Abschnitt ist eine vereinfachte Anleitung dargestellt, wie ein funktionaler Raum bestimmt werden kann.

Parameter funktionale Räume

Bestimmung des geografischen Raumes

Markus Müller und Claude Wagner

1.
2.
3.
4.

Die Parameter zur Bestimmung von funktionalen Räumen sind grundsätzlich frei. Es können sämtliche Aktivitäten sein, die im täglichen Leben vorkommen, welche gesetzlich nicht an einen bestimmten Ort gebunden sind und frei gewählt werden können. Das Bestimmen eines funktionalen Raumes wird nachfolgend modellhaft mit einer zehn (beliebigen) Fragen umfassenden Liste initiiert:

- Geografische Lage der Kinos und Theater, die in den letzten 12 Monaten besucht wurden.
- Geografische Lage der Bäckereien, die in den letzten 12 Monaten besucht wurden.
- Geografische Lage des Zahnarztes, der in den letzten 12 Monaten besucht wurden.
- Geografische Lage der Grünflächen, in denen während den vergangenen 12 Monaten in der Freizeit ein Aufenthalt stattfand (Anreise innert 20 – 30 Minuten).
- Geografische Lage der nächsten höheren Fachschulen
- Geografische Lage der nächste Hochschule
- Geografische Lage der Einkaufscenter, in denen potentiell und sinnvoll Wocheneinkäufe getätigt werden könnten.
- Geografische Lage des nächsten Fachwarenhandels-Geschäftes für das persönliche Hobby.
- Geografische Lage des «Points of Sale» des letzten Autokaufs (Autohaus o.ä.).
- -Geografische Lage einer Unternehmung, bei der man sich vorstellen könnte, zu arbeiten bzw. die für die eigene Person ein adäquates Stellenprofil zu bieten hat.

Arbeitsschritt 1 zur Bestimmung funktionaler Räume

Die Punkte werden von Einzelpersonen auf einer modellhaften Landkarte (siehe Grafik «Landkarte») eingetragen.

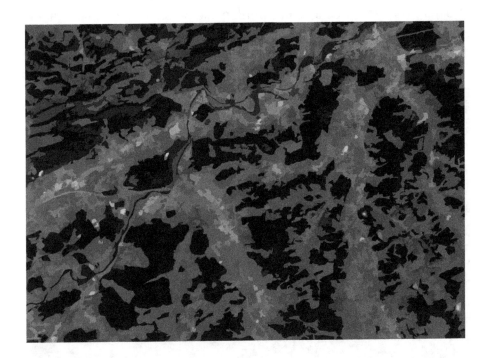

Abbildung 2: Bestimmung funktionaler Räume 1

Arbeitsschritt 2 zur Bestimmung funktionaler Räume

In der folgenden Landkarte trugen drei Personen ihre funktionalen
Räume ein (Person 1 = blaue Punkte, Person 2 = grüne Punkte, Person
3 = rote Punkte). Die Punkte wurden hernach mit Linien zu einer zusammenhängenden Fläche verbunden, was für jede Person eine Art funktionaler Raum ergibt. Sinnvollerweise werden jene Punkte der einzelnen

Personen entfernt, die zu weit vom eigentlichen Lebensmittelpunkt entfernt liegen (wenn bspw. eine Person aus persönlichen Gründen einen PKW bei einer befreundeten Person kaufte, die weit ausserhalb der anderen Punkte liegt).

In einem weiteren Arbeitsschritt werden alle persönlichen funktionalen Räume grafisch übereinander gelegt.

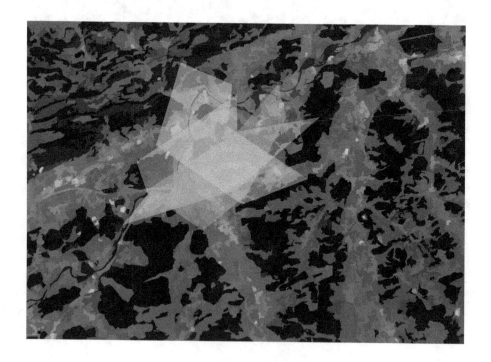

Abbildung 3: Bestimmung funktionaler Räume 2

Arbeitsschritt 3 zur Bestimmung funktionaler Räume

Schliesslich kann über diese grafische Darstellung ein geografischer Zielkreis gelegt werden, der den jeweiligen funktionalen Raum recht gut darzustellen vermag.

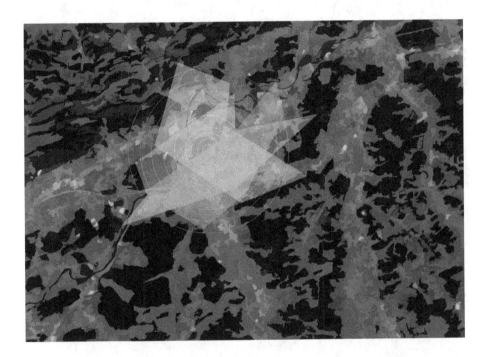

Abbildung 4: Bestimmung funktionaler Räume 3

Es ist zu bemerken, dass die Bestimmung am besten von der nächsten Zentrumsgemeinde aus gemacht wird. Dabei sollen aber nicht bloss Personen aus der entsprechenden Zentrumsgemeinde befragt werden, sondern Menschen, die in einem gewissen Umkreis um diese Gemeinde herum leben. Wenn immer möglich, werden die Anzahl der Punkte gewichtet, da es letztlich an den äussersten Kreisen des «geografischen

Zielkreises» immer gewisse Überschneidungen mit benachbarten funktionalen Räumen geben wird. Als Beispiel dafür sei die Region Zofingen im Schweizer Mittelland aufgeführt:

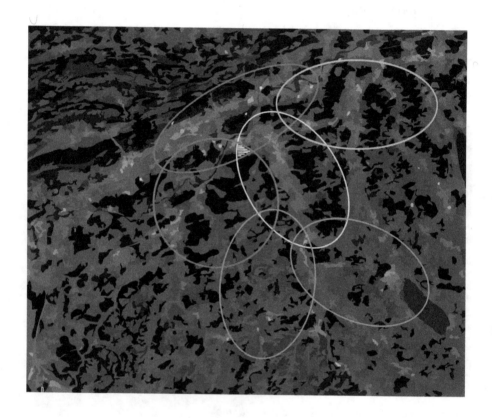

Abbildung 5: Bestimmung funktionaler Räume 4

Im Süden der Region (gelb) mit rund 60'000 Einwohnerinnen und Einwohnern befinden sich die funktionalen Räume «Sursee» (cyan) und «Willisau» (grün) mit der «Grenzgemeinde» Dagmersellen. Im Norden der funktionale Raum «Olten» (magenta) mit der «Grenzgemeinde» Aarburg, im Osten der funktionale Raum «Aarau» (grau) mit der «Grenzgemeinde»

Kölliken und im Westen der funktionale Raum «Langenthal» (rot) mit den «Grenzgemeinden» Murgenthal, Fulenbach und Pfaffnau/St. Urban. Es sind in dieser Grafik sogar geografische Gebiete sichtbar, die theoretisch zu drei verschiedenen funktionalen Räumen zugeordnet werden könnten.

Wenn man diese Einteilung für eine einigermassen repräsentative Gruppe von Personen macht, kommt man in der Regel auf eine Zielgrösse von ca. 50'000 bis 100'000 Einwohnerinnen und Einwohner. In der Schweiz existieren lediglich 10 Einzelgemeinden, welche die Kenngrösse von minimal 50'000 Einwohnerinnen und Einwohnern übertreffen. Alle weiteren rund 2'400 Gemeinden wären innerhalb dieser Theorie dazu angehalten, nach strategischen Partnergemeinden Ausschau zu halten, um eine sinnvolle Vermarktungsgrösse zu erreichen. In Deutschland existieren rund 80 Gemeinden, welche die Grenze von 100'000 Einwohnern überschreiten (Statistisches Bundesamt, 2013). In Österreich sieht es gemäss Statistik Austria (Statistik Austria, 2013) ähnlich aus. Bloss neun Gemeinden haben mehr als 50'000 Einwohnerinnen und Einwohner. Stadtregionen mit mehr als 50'000 Personen sind es deren sechzehn.

Die Realität allerdings sieht ein wenig komplexer aus. Denn neben dem Standortmarketing im engeren Sinn existieren noch diverse Organisationen, speziell im Destinationsmarketing. Insbesondere die Vermarktung von Skiregionen wie Zermatt, Innsbruck oder Garmisch-Partenkirchen hat lange Tradition.

Auf regionaler Ebene werden immer mehr Standortmarketing-Organisationen bzw. -stellen geschaffen. So finden wir oft in der gleichen Umgebung ein regionales Tourismusbüro, eine Stadtmarketing-, eine regionale Standortmarketing- und eine regionale Wirtschaftsförderungs-Organisation. In vielen Gegenden kommen noch die überregionalen Organisationen dazu. Alle diese Organisationen werden von unterschiedlichen Trägerschaften finanziert. Daher fehlen Anreize, nach Kooperationsmöglichkeiten und Synergien zu suchen. Die eindeutige regionale

Positionierung, die sogenannte «Unique Selling Proposition» (USP) bzw. der «Unique Consumer Benefit» (UCB) wird entsprechend verwässert und potentielle Investoren und Neuzuzüger auch auf regionaler Ebene mit unterschiedlichsten Informationen bedient. Auch die Behörden werden mit vielfältigen sich gegenseitig konkurrenzierenden Gesuchen konfrontiert, was entsprechende Doppelspurigkeiten wie auf internationaler Ebene vermuten lässt. So erstaunt es auch nicht, dass Glutz im Rahmen ihrer Studie (vgl. Glutz, 2009) über regionale Standortmarketing-Organisationen herausfand, dass deren personelle Ressourcen in Regionen mit ähnlicher Bevölkerungszahl um bis zu 500% voneinander abwichen.

Wie Unternehmen heute Standorte suchen

Die Leistungsvorgaben für Standortmarketer und Wirtschaftsförderer sind in der Regel klar umrissen. An allererster Stelle stehen messbare Kriterien, wie etwa erarbeitetes Steuersubstrat, Anzahl angesiedelter Unternehmen und Arbeitsplätze oder zugezogene Bewohnerinnen und Bewohner. Derartige Zahlen sind den Wählerinnen und Wählern gut zu verkaufen, machen sich jedoch auch gut als Aufmacher in Medienberichten.

Die Rechnung ist allerdings nicht ganz so einfach, wie sie auf den ersten Blick aussieht. Standortmarketer und Wirtschaftsförderer arbeiten zu einem nicht zu vernachlässigenden Teil auch an qualitativen Faktoren. Diese zu messen ist, im Gegensatz zu genau umrissene Kenngrössen, erheblich schwieriger. Ein weiterer Faktor ist die Zuordnung von Verantwortlichkeiten bei gelungenen Unternehmensansiedlungen. Ganz selten ist es einer Person oder Organisation alleine zuzuschreiben, dass eine Ansiedlung zu Stande gekommen ist. In der Regel ist eine Ansiedlung ein mehr oder weniger komplexes Zusammenspiel von Faktoren, Personen und Organisationen.

Je kleiner der Standort, desto geringer sind auch die Einflussmöglichkeiten, die er hat, Entscheide von Unternehmen zu beeinflussen. Die folgende Grafik zeigt auf, wie Unternehmen heute neue Standorte suchen.

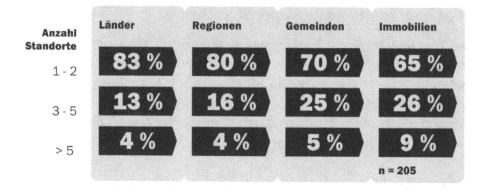

Anzahl Standorte	Länder	Regionen	Gemeinden	Immobilien
1 - 2	83 %	80 %	70 %	65 %
3 - 5	13 %	16 %	25 %	26 %
> 5	4 %	4 %	5 %	9 %

n = 205

Abbildung 6: Standortsuchpfade (Scherer, 2013)

Die Grafik sagt aus, dass sich Unternehmen bei der Standortsuche schon weitgehend festgelegt haben. Während vor einigen Jahren noch häufig mit einer Entscheidungsmatrix eine «Longlist» (vgl. Gubler/Möller, 2006) von nicht selten zehn Standorten erstellt wurde, sind es heute von Beginn an nur noch wenige Standorte, die in Frage kommen. Durch moderne Kommunikations- und Informationsmittel sind heute sowohl Unternehmen als auch Privatpersonen in der Lage, Informationen zu beschaffen, für die früher ein immenser Aufwand betrieben werden musste. Die in der Grafik beschriebene Studie, die von der Hochschule St. Gallen HSG durchgeführt wurde (vgl. Scherer, 2013), sagt beispielsweise aus, dass sich 80 % der Unternehmen, bevor sie überhaupt den ersten Kontaktschritt zu Verwaltungen oder Wirtschaftsförderungs-Organisationen unternehmen, bereits auf 1 bis 2 Regionen eingeschränkt haben. Selbst auf Stufe der Gemeinden sind es 70 % der Unternehmen, die sich initial auf 1 bis 2 Gemeinden beschränken. Gerade 5 % der Unternehmen haben auf ihrer «Longlist» noch mehr als 5 Gemeinde-Standorte.

Entgegen der weit verbreiteten Meinung, dass sich Unternehmen bei der Standortsuche ausschliesslich auf rationale Überlegungen beziehen, haben weiche Faktoren einen recht hohen Stellenwert. Je nach Branchenschwerpunkt (z.B. Kreativ- oder Wissensbranchen) legen Mitarbeitende einen hohen Wert auf (sub-)kulturelle Angebote wie ein ausgeprägtes Party- oder Nachtclub-Angebot. Technologisch orientierte Unternehmen siedeln sich zudem meist in einer geografisch relativen Nähe zu einer inhaltlich «verwandten» Hochschule an. Diese Tatsachen relativieren deshalb die nach wie vor oft erwünschten oder erträumten Ansiedlungen von Technologie-Unternehmen in ländlichen Räumen, die weder Hochschulen, noch ein adäquates Freizeitangebot oder die Nähe zu einem internationalen Flughafen aufweisen, enorm.

Handlungsspielräume für Regionen und Gemeinden

Das alles heisst dennoch keineswegs, dass Regionen und Gemeinden keine Handlungsspielräume innerhalb der Wirtschaftsförderung haben.

Startup-Support

Eine grosse Chance besteht darin, das Jungunternehmertum zu fördern. Dabei ist es selbstredend, dass damit nicht bloss Hightech-Startups gemeint sind, denn letztlich sind Gründer von neuen Schreinereien, Detailhandelsläden oder Architekturbüros genauso Jungunternehmer, wie dies Steve Jobs (Apple) oder Bill Gates (Microsoft) waren. Neue Unternehmen entstehen sehr oft dort, wo die Gründer ihren Wohnsitz haben. Dadurch ist von Beginn an eine hohe Identifikation mit dem Standort gegeben. Eine Identifikation, die bspw. bei der Ansiedlung eines internationalen Konzerns selten gegeben ist. Eine Unterstützung von Startups, sei es in der Bereitstellung von günstigen Räumlichkeiten, in der

Prozessbegleitung beim Aufbau des Unternehmens mit einem stimmigen Programm bedeuten Wirtschaftsförderung mit grosser Nachhaltigkeit.

Bestandespflege

Die Startups gehören früher oder später zu den etablierten Unternehmen an einem Standort. Hier kommt die angemessene Bestandespflege ins Spiel. Das heisst konsequente Einbindung in geeignete Kommunikations- und bidirektionale Kommunikationsabläufe mit den Firmen des Standortes.

Grundsätze der Positionierung

Last but not least bleibt die Positionierung. Der Wunsch, ein nächstes «Google» oder «Amazon» möge in der eigenen Gemeinde entstehen, ist genauso verständlich, wie der Wunsch, dass sich möglichst viele bestverdienende Personen in der Gemeinde ansiedeln. Die Rahmenbedingungen in einer Region oder Gemeinde sind indes mehr oder weniger gegeben und können lediglich über Jahre hinweg verändert werden. Oftmals ist die Erkenntnis, eine bestimmte Positionierung eingehen zu «müssen», negativ behaftet. Was damit gemeint ist, soll anhand des Beispiels der Logistikbranche beschrieben werden:

Liegt eine Region in einem hervorragend erschlossenen Gebiet eines Landes, einem Gebiet, das zentral liegt und sowohl mit dem öffentlichen als auch dem motorisierten Individualverkehr sehr gut erreicht werden kann, wird diese Gegend zwangsläufig rasch zu einem Thema für die Logistikbranche. Massive Umbrüche im Detailhandel mit einem neuen Schwerpunkt im Onlinehandel intensivieren diesen Ausbau. Auch hier ist es grundsätzlich nachvollziehbar, dass man in der eigenen Region nicht gerne quadratkilometergrosse Umschlaghallen sieht. Die Hallen sehen in der Regel nicht sehr schön aus und bieten meist auch nicht eine übermässige Anzahl an hoch qualifizierten Arbeitsplätzen. Und doch macht es – aus der Metaperspektive bzw. gesamtwirtschaftlich betrachtet – Sinn, die Logistikunternehmen an einem gut zugänglichen Ort anzusiedeln.

Dem Standort bleiben zwei Möglichkeiten. Entweder, er versucht mit den ihm zur Verfügung stehenden Mitteln die Ansiedlung von Logistikfirmen zu verhindern. Das ist meist über die Dauer von beschränktem Erfolg, da für die entsprechenden Unternehmen oft nur die eine oder andere Region in Frage kommt. Oder man versucht sich, innerhalb der Logistik als Top-Standort zu positionieren. Ein solcher Entscheid ist nicht einfach, im Wissen, dass dieser zumeist mittel- und langfristig auch einen sozialen und gesellschaftlichen Einfluss auf den Standort haben mag. Doch eine klare Positionierung innerhalb des Bereiches mit der konsequenten Unterstützung beim Auf- und Ausbau der gesamten Dienstleistungstiefe innerhalb der Branche bietet grosse Chancen, denn dadurch werden in der Regel auch höher qualifizierte Arbeitnehmende an den Standort gelockt. Mit diesen Massnahmen fördert ein Standort auch die Bildung von «Clustern». Auch wenn Branchencluster im Grunde genommen nicht geschaffen werden können[1], wird mit einer klaren Bekennung zu einem Branchenschwerpunkt wesentlich dazu beigetragen, dass allenfalls ein Cluster entstehen kann.

Ein zusätzliches Beispiel, ein negativ behaftetes Thema zum Kerninhalt der eigenen Positionierung zu machen, ist das Beispiel einer Gemeinde aus dem zentralen Schweizer Mittelland. Der Anteil an ausländischen Mitbürgern in der Schweiz beläuft sich auf ca. 23 %. Bei besagter Gemeinde liegt diese Kenngrösse auf über 40 %. Die Gemeinde macht diese «Not» zur Tugend und versucht, die Integration ausländischer Mitbürger mit allen zur Verfügung stehenden Mitteln voranzutreiben. Das zeitigt sich im Slogan der Gemeinde: Eine Gemeinde die «traumhafte

---

[1] van der Linde konnte belegen, dass von über 800 Clustern weltweit, nur einer durch staatliche Initiative entstand: Hsinchu, Taiwan (vgl. van der Linde, 2005)

Gegensätze» bietet. Was vielleicht ein wenig stark in Marketingsprache ausgedrückt ist, jedoch im Kern der Realität entspricht.

Von Rankings und deren Sinn

Die Gesellschaft von heute ist vom Wettbewerb getrieben. Was immer möglich soll rangiert werden. Die Sieger erhalten Preise und Ansehen. Die Verlierer müssen mehr «trainieren», um auf das Siegertreppchen zu gelangen. Wem dies nicht gelingt, wird in der Masse untergehen. Was im Leistungssport und in der Wirtschaft gang und gäbe ist, hat längst auch im Standortwettbewerb Einzug gehalten. Es werden Ranglisten erstellt, was das Zeug hält. Das nächste Kapitel gibt einen kurzen, willkürlichen Überblick über verschiedenartige Rankings.

Globale Städterankings

Mercer Quality of Living Worldwide City Ranking

Im «Mercer Quality of Living Worldwide City Ranking» werden die Lebensbedingungen in 221 Städten anhand von 39 Faktoren untersucht (vgl. Mercer, 2012). Diese werden zu zehn Kategorien zusammenfasst (politisches und gesellschaftliches, wirtschaftliches und sozio-kulturelles Umfeld, Gesundheit und Hygiene, Schulen und Bildung, Verkehr und öffentliche Dienstleistungen, Freizeit und Erholung, Konsumgüter, Wohnraum und natürliche Umwelt). Nicht weniger als neun Städte aus der DACH-Region rangieren in der letzten Ausgabe auf den ersten 20 Rängen. Dabei sind Wien (1), Zürich (2) und München (4) jene Städte, die am besten abschneiden.

Economist Global Livability Report

In diesem Ranking werden über 30 qualitative und quantitative Faktoren in fünf Kategorien (Stabilität, Gesundheitsversorgung, Kultur und natürliche Umwelt, Bildung sowie Infrastruktur) für 140 Städte zusammengefasst (vgl. The Economist, 2013). Jeder Faktor wird für jede Stadt von Experten als akzeptabel, tolerierbar, ungemütlich, nicht wünschenswert oder untragbar eingestuft. Das Ranking wird von der N.Y. Times als zu anglozentrisch kritisiert. Dieses Ran-king legt gegenüber den vorhergehenden offensichtlich wieder andere Wertmassstäbe an, so liegen doch in den Top Ten nicht weniger als fünf Städte aus Australien und Neuseeland sowie deren drei aus Kanada. Aus der DACH-Region liegt lediglich Wien in den Top Ten (3.).

Monocle's Most Livable Cities Index

Seit 2007 publiziert der kanadische Unternehmer und Journalist Tyler Brûlé das Lifestyle Magazin «Monocle». Auch dieses Magazin lässt es sich nicht nehmen, alljährlich eine Liste der weltweit 25 lebenswertesten Städte zu publizieren. Die essentiellen Kriterien innerhalb dieses Rankings sind Sicherheit, Erreichbarkeit, Klima/Sonnenschein, Qualität der Architektur, Öffentlicher Verkehr, Toleranz, Umweltbedingungen und Naturzugang, Städtedesign, Wirtschaftsbedingungen, medizinische Versorgung und aktive Stadtentwicklung. Die DACH-Region ist auch in diesem Ranking mit den drei Städten Wien (5.), Zürich (6.) und München (8.) im aktuellen 2013-er-Ranking vertreten (vgl. Monocle, 2013).

Schweizer Städterankings

Bilanz-Städteranking (Wüest & Partner)

In elf Kategorien mit über 100 Indikatoren werden alle Schweizer Gemeinden mit über 10 000 Einwohnern in eine Rangliste eingeteilt. 2013 wurden dafür über 140 Gemeinden erfasst. Dabei rangierten in erster Linie die Schweizer «Grossstädte» weit vorne. Mit Ausnahme der «reichen» Stadt Zug erschienen die Städte Zürich, Bern, Luzern, Winterthur, Basel, St. Gallen und Genf in den Top 8 (vgl. Bilanz, 2013).

Weltwoche Gemeinderanking 2013

Wie das Magazin «Bilanz» publiziert auch die Wochenzeitung «Weltwoche» alljährlich ein Ranking mit über 800 Schweizer Gemeinden. Spannend der direkte Vergleich mit der «Bilanz». Während in der «Bilanz» die grossen Städte reüssieren, sind es bei der «Weltwoche» die kleineren Gemeinden, die als lebenswert taxiert werden (vgl. Weltwoche, 2013). Ausser dem ersten Rang (Zug) werden die Ränge zwei bis vier von den international wohl eher unbekannteren Gemeinden Hünenberg (2), Risch (3) und Stallikon (4) belegt.

Deutsches Städteranking

Deutschland steht der Schweiz in Sachen Städterankings nicht nach. Die «Initiative Neue Soziale Marktwirtschaft» und die «WirtschaftsWoche» untersuchen die 50 grössten Städte Deutschlands in über 90 Einzelindikatoren. Unterteilt wird zwischen einem «Niveau-Ranking», das den IST-Zustand erfasst und, wie bei der Weltwoche-Rangliste, einem «Dynamik-Ranking», das die Entwicklung der Jahre 2005 – 2011 ausweist. München ist in diesem Ranking fast unschlagbar und wird 2012 gefolgt von Stuttgart, Münster, Karlsruhe und Frankfurt am Main (vgl. Wirtschaftswoche, 2012).

Österreichisches Städteranking

Das österreichische Industriemagazin erstellt seit 2001 ein Städteranking, das auf der Entwicklung der Grundsteuereinnahmen basiert. Argumentiert wird dies mit der Tatsache, dass sich kaum ein Indikator besser als Gradmesser für die Attraktivität einer Gemeinde als Wirtschaftsstandort eigne, als die Entwicklung der Grundsteuereinnahmen. Das Siegerpodest wird im Frühling 2013 von den international ebenfalls eher unbekannteren Gemeinden Heiligenkreuz im Lafnitztal (Burgenland) (1.), Warth (Vorarlberg) (2.) und Oppenberg (Steiermark) (3.) gebildet.

Alternative Städterankings

Längst haben die Medien die Verkaufskraft von Standortrankings erkannt. Mittlerweile werden nicht mehr bloss klassische Rankingfaktoren wie «Öffentlicher Verkehr», «Steuerliche Attraktivität» oder «Sicherheit» für die Erstellung von Ranglisten herangezogen. Im Grunde genommen kann die Auswahl der Einflussgrössen ad absurdum geführt werden.

Image Schweizer Kantone

So erstellt beispielsweise «campaignfit.ch» seit 2011 eine Studie zum Image der Kantone. Die Studie ist nicht ganz ernst zu nehmen, werden doch Faktoren wie «Snobismus», «Bünzligkeit» (abwertende Bezeichnung für geistig unbewegliche, kleinkariert denkende und ausgeprägt gesellschaftskonforme Personen; siehe auch http://de.wikipedia.org/wiki/Bünzli) oder «Swissness» der verschiedenen Schweizer Kantone miteinander verglichen (vgl. Kantonsimage, 2012).

Facebook Branchen Ranking Städte und Gemeinden

Ernster, wenngleich auch mit nicht weniger humorvollem Unterton zu betrachten, ist ein deutsches Ranking, das die «Follower» deutscher Städte und Gemeinden auf Facebook tagesaktuell unter die Lupe nimmt. Die Plattform «eGovernment Computing» beschreibt ihr Rating-konzept so, dass jede deutsche Kommune mitmachen kann, die auf Facebook mit einer Fanpage aktiv ist. Ob sie dann allerdings aufgenommen wird, entscheidet letztlich doch allein die Redaktion.

Die deutsche Hauptstadt Berlin ist (Stichtag aller Zahlen in diesem Abschnitt: 3. Februar 2014) unangefochtene Leaderin dieses Rankings, das per se noch nichts über die Qualität des Facebook-Auftritts verrät. Zumindest ein Indiz für interessante Inhalt ist die Anzahl der «Follower» alleweil. Berlin vermag dabei im Verhältnis zur Einwohnerzahl (rund 3'400'000) eine stattliche Zahl von rund 49 % (1'680'000) über Facebook zu erreichen. Hamburg, als zweitplatzierte Stadt erreicht hier eine Rate von knapp 47 %, Köln (3.) gut 52 %. Die grösste Schweizer Stadt Zürich scheint in einem solchen Ranking keine Chance zu haben. Sie erreicht mit ihrem offiziellen Facebook-Auftritt (www.facebook.com/stadtzuerich) gut 5'200 Personen, was einer Rate von einem guten Prozentpunkt (Facebook-Follower/Einwohnerzahl) entspricht. Im gleichen Rahmen bewegt sich die österreichische Hauptstadt Wien. Die in vielen Rankings enge Verfolgerin von Zürich erreicht über Facebook 14'800 Personen, was einer Rate von ebenfalls einem knappen Prozent entspricht (vgl. eGovernment Computing 2013).

Zusammenfassung

Es fällt auf, dass die Wettbewerbsfähigkeit und Standortqualität komplexe Phänomene darstellen, die kaum direkt messbar sind. Die relative situative Bedeutung verdrängt die absolute Bewertung. Diese Tatsache wird auch dadurch sichtbar, dass die meisten der Gemeinderankings durch Medienhäuser erstellt werden. Dabei werden willkürliche Parameter ausgewählt. Ein Ranking ist deshalb nie mit einem anderen vergleichbar. Besonders markant ist diese Tatsache zwischen den beiden Rankings der Schweizer Publikationen «Bilanz» und «Weltwoche» zu beobachten. Während die Stadt Zürich im «Bilanz»-Ranking oben aus schwingt, belegt die grösste Schweizer Stadt im «Weltwoche»-Ranking lediglich den 78. Platz. Das zweitklassierte Zug (Bilanz) findet sich in der «Weltwoche»-Bewertung von 2012 auf Rang 28 und die Schweizer Hauptstadt Bern, die von der «Bilanz» auf den dritten Platz gesetzt wird, rangiert bei der «Weltwoche» auf Rang 343. Erstaunlich ist auch die Rangierung der Stadt Zug, die im Jahr 2013 in der «Weltwoche» innerhalb eines Jahres vom 28. auf den 1. Rang aufstieg.

Welches sind denn nun die Nutzen und Probleme von Rankings? Die folgende Aufstellung zeigt einige Punkte zu diesem Thema:

Nutzen	Probleme
Übersichtlichkeit	Komplexitätsreduktion
Informationstool = Diskurs über Wettbewerbsfähigkeit (Stärken, Schwächen, Strategien, Massnahmen)	Auswahl der Indikatoren
Kommunikationstool	Gewichtung der Indikatoren
Motivationstool = Stimulierung des Wettbewerbs, Mobilisierung von Akteuren	Methodik oft intransparent bzw. fragwürdig
	Informationsverlust durch Aggregation = Interpretation von Dimensionen und Indikatoren
	Messbarkeitsillusion: Rankings messen nur das Messbare, Qualität ist aber nicht vollständig quantifizierbar
	Befragungsergebnisse oft subjektiv

Abbildung 7: (vgl. Kiese 2011/Binswanger 2010)

Exkurs: Label Fahrradstadt

Claude Wagner

Aktuell interessieren sich einige Städte in der Schweiz für das Label «Fahrradstadt», zum Beispiel die Stadt Zürich. Es gibt eigentlich nur wenige Hürden - wie ein Bericht der Europäischen Kommission festhält - für einen regelmässigen Gebrauch des Fahrrads. Kurze Strecken in der Stadt, wettertaugliche Kleidung und geeignete Abstellplätze unterstützen die Nutzung (vgl. Europäische Kommission, 1999).

Fakten und Daten zur Schweiz

Im Jahr 2010 legten jede Schweizerin und jeder Schweizer gesamthaft 20'500 Kilometer im In- und Ausland zurück. Davon entfallen 754 Kilometer auf den Fuss- und Fahrradverkehr, welches einem Prozentsatz von 3,7 entspricht. Von diesen 20'500 Kilometer pro Jahr sind rund 67 Prozent Alltagsverkehr. Dies sind Strecken, welche eine Person in ihrer vertrauten Umgebung zurücklegt. Die Freizeit ist mit 40 Prozent der elementarste Verkehrszweck. An zweiter Stelle liegt mit 24 Prozent die Arbeit gefolgt vom Einkaufsverkehr mit 13 Prozent. Im Jahr 2010 besassen 21 Prozent der Schweizer Haushalte kein Auto und 69 Prozent verfügten über ein Fahrrad (vgl. Bundesamt für Statistik BFS und Bundesamt für Raumentwicklung ARE, 2012). Diese Zahlen zeigen, dass der Langsamverkehr und vor allem das Fahrrad ein hohes Steigerungspotenzial aufweisen, vor allem können Städte, durch die Reduktion der durch den motorisierten Verkehr verursachten Lärm- und Abgasemissionen, die Lebensqualität für die angesiedelte Bevölkerung steigern und somit auch wieder die Attraktivität des Standorts verbessern. Es ist denkbar, dass in Zukunft die Marke «Fahrradstadt» bei der Akquisition von natürlichen Personen positive Effekte haben könnte.

Gemäss dem Gottlieb Duttweiler Institut ist einer der neuen Status-märkte der sogenannte «Öko-Luxus». Darunter sind reiche Menschen zu verstehen, welche gesund, verantwortungsbewusst und natürlich leben, jedoch gleichzeitig nicht auf allen Luxus verzichten wollen. Deshalb wer-den vermehrt neue Angebote entstehen, welche Luxus und Umweltbe-wusstsein vermischen. Zudem ist eine Person - gemäss GDI - angesehe-ner, wenn sie wenig bis gar nichts an Energie, Platz oder Kalorien ver-braucht (vgl. Gottlieb Duttweiler Institut, 2008).

Auch das Gewerbe profitiert

In Österreich kaufen 80% der Fahrradnutzer mehrmals wöchentlich in den lokalen Geschäften ein, bei den Pkw-Nutzern trifft dies nur auf 68% zu, so die Ergebnisse einer Studie von Georg Gumpinger (2010). Rad-fahrer zeichnen sich durch eine hohe Kundentreue aus. Die insgesamt längere Verweildauer (123 Einkaufstage mit dem Pkw, 148 Einkaufs-tage mit dem Rad) ermöglicht auch gesteigerte Umsätze. Radfahrer sind gemäss Studie heute keine weniger wohlhabenden Kunden mehr, die sich kein Auto leisten können. Radfahrer tätigen prozentual häufiger Einkäufe mit einem Warenwert ab 100 Euro und kaufen vielfach hoch-wertigere Produkte als andere Kundengruppen. Auch wenn Radfahrer pro Einkauf nicht so viel Geld ausgeben, wie Auto-Nutzer bringen sie in einem bestimmten Zeitraum einen höheren Umsatz als die motorisierte Kundschaft, da sie öfter wiederkommen, so die Studie (vgl. Gumpinger, 2010).

Die Marke «Fahrradstadt»

Im Rahmen einer Studie haben Allemann und Guldimann vier leitfaden-gestützte Interviews mit Experten aus den Bereichen Mobilität, Stadt-entwicklung und Verkehr aus fahrradfreundlichen Städten in der Schweiz durchgeführt: «Das in den Interviews meist genannte Attribut einer Velostadt ist die Sicherheit. Die Merkmale umweltfreundlich, kinderfreundlich, hohe Lebensqualität und Energiestadt wurden von drei der vier Befragten angegeben. Die Hälfte der Interviewpartner verbinden mit einer Velostadt die Eigenschaften ruhig, lebendig, sozial und Erholungsgebiet» (vgl. Allemann/Guldimann, 2013)

Pro Velo Schweiz - eine andere Art Ranking

Pro Velo Schweiz definierte in ihrer Umfrage von 2010 die folgenden Kategorien als Eigenschaften einer Velostadt: Verkehrsklima, Sicherheit, Komfort, Wegnetz, Abstellanlagen, Stellenwert (vgl. Pro Velo Schweiz ,2010).

Allemann und Guldimann kommen in ihrer Studie zu folgendem Schluss: «Aufgrund der Experteninterviews ist erkennbar, dass Personen mit einem eher höheren Einkommen auf eine Velostadt positiv ansprechen. [...] Weiter entscheidet auch der Zivil- und Bildungsstand darüber, ob eine Velostadt als Wohnort attraktiv ist. [...] Die Realisierung einer Velostadt ist kostenintensiv [...]. Um eine Velostadt erfolgreich umzusetzen, ist eine hohe Akzeptanz der Bevölkerung notwendig. Damit diese erreicht wird, ist bei Planung sowie bei der Umsetzung auf die Bedürfnisse aller Verkehrsteilnehmenden Rücksicht zu nehmen» (vgl. Allemann/Guldimann, 2013).

Schlussfolgerungen zur Positionierung als Fahrradstadt

Die Tatsache, dass immerhin 10'000 Personen an der oben erwähnten Umfrage von Pro Velo Schweiz 2010 mitgemacht haben und dass die Autoren dieser Umfrage zum Schluss kommen, dass Gemeinden in der Schweiz «velofreundlicher» geworden sind (ebd.), zeigt, dass der vom Gottlieb Duttweiler Institut aufgezeigte Trend zum «Öko-Luxus» wohl nicht ganz abwegig ist. Für eine Stadt wie Burgdorf, mit einem historischen Stadtkern, engen, gepflasterten Gassen, die sich für einen motorisierten Verkehr nicht eignen, lohnt es sich auf alle Fälle, auf die Marke «Fahrradstadt» zu setzen und die Infrastruktur für den Langsamverkehr auf das ganze Stadtgebiet auszuweiten.

Die Kosten für den Ausbau dieser Infrastruktur können damit legitimiert werden, dass auf diese Weise der Stadtkern belebt wird und somit verhindert werden kann, dass der historische Stadtkern zu einem «Museum» verkommt. Das Gewerbe in Burgdorf hat sich angepasst und bietet zum Beispiel einen Hausliefer-Service mittels E-Bike an, damit auch kranke oder ältere Menschen versorgt werden können. Das oberste zu schützende Gut, die Sicherheit (s. Interviews oben), passt von der Positionierung auch gut zum Fahrrad und zur historischen Burg.

In Grossstädten, die an Lärm- und Abgas-Emissionen leiden, welche natürlich einen negativen Einfluss auf das Image der Stadt ausüben, sind solche raumplanerischen Massnahmen zugunsten des Langsamverkehrs ebenfalls erfolgsversprechend, wie dies auch die Städte Kopenhagen und Amsterdam aufzeigen. Dank der Entwicklung der E-Bikes können auch weniger sportliche oder ältere Einwohnerinnen und Einwohner hügelige Gebiete einfacher überwinden. Ökologische, ökonomische (Gewerbe) und volkswirtschaftliche (Gesundheit) Argumente unterstützen diese Massnahmen.

Das Image einer Stadt wird durch diese Positionierung bei fahrradaffinen Personen und der Zielgruppe «Öko-Luxus» positiv beeinflusst. Es bleibt jedoch fraglich, ob eine Stadt nur aus Standortmarketing-Überlegungen auf die Marke Fahrrad-Stadt setzen sollte. Wenn die Bevölkerung nicht dahinter steht, keine raumplanerischen Notwendigkeiten vorliegen, sind die hohen Ausgaben für die Infrastruktur kaum zu legitimieren und das Image der Stadt wird sogar eher durch die negative Mund-zu-Mund-Propaganda, ob dem Ärger über die Höhe der nicht gewollten Ausgaben, leiden.

Fazit: Eine Positionierung als Fahrrad-Stadt macht nur dann Sinn, wenn raumplanerische Gründe dominieren, den Langsamverkehr zu fördern. Sie ist aber nicht durch reine Standortmarketing-Überlegungen zu empfehlen. Es ist auch nicht anzunehmen, dass Menschen nur wegen der Marke «Fahrrad-Stadt» oder dem Label «Energie-Stadt» zuziehen werden.

Lösungsansatz

Tatsache ist, dass Standortrankings für Standortmarketer und –manager sich inhaltlich kaum dafür eignen, eine nachhaltige Entwicklung für den eigenen Standort zu betreiben. Die jeweils verwendeten Einflussgrössen sind zu verschieden. Einen Lösungsansatz dazu bietet seit Kurzen die Schweizer Vereinigung für Standortmanagement SVSM.

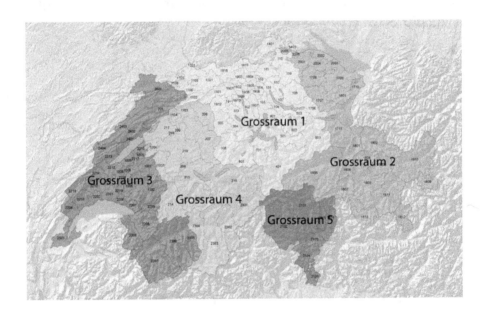

Abbildung 8: Das Regionen-Audit (SVSM)

Im Winter 2013 präsentierte der Dachverband für Standortmanagement, Standortmarketing sowie Siedlungsentwicklung in der Schweiz ein Regionen-Audit. Darin werden keine Schlüsse gezogen, keine Interpretationen gemacht. Diese werden den jeweiligen Standortmanagern überlassen. Funktionale Räume werden über verschiedene Kenngrössen miteinander verglichen und es werden mögliche Entwicklungsszenarien aufgezeigt. Auch diese werden nicht bewertet. Standortmanagern macht es diese Publikation möglich, geografisch nahe liegende Partner zu finden, welche die eigenen Mankos mit deren Stärken auszugleichen vermögen. Damit bietet das Regionen-Audit ein Instrument, um strategische Partnerschaften mit anderen Regionen zu prüfen. Informationen zum Regionen-Audit finden sich unter: **www.kommunalmagazin.ch/regionenaudit** oder **www.svsm-standortmanagement.ch/regionenaudit.**

Quintessenz für Gemeinden

Sometimes Size Matters

Markus Müller

Die Werbeforschung kennt mittlerweile fast ein Dutzend Werbewirksamkeitsmodelle. Nach wie vor eines der wirksamsten Modelle ist dabei das sogenannte «Beachtungsmodell» (vgl. Bonfadelli, 2004). Bei diesem Modell geht es – vereinfacht gesagt – darum, durch Grösse und Omnipräsenz Visibilität und damit Markenerkennung zu erreichen. Eine breite Abdeckung durch klassische Werbung ist dabei nur noch durch grosse Unternehmen und Konzerne zu beobachten, die Millionen an Werbe- und Kommunikationsbudgets verantworten. Auch wenn es für kleinere Unternehmen (und damit auch Standorte) zahlreiche andere (Below the Line-)Werbe- und Kommunikationsmodelle gibt, letztlich gilt es, sich im Standortwettbewerb mit anderen zu messen. Grösse ist dabei ein unwiderlegbares «Instrument» für erhöhte Aufmerksamkeit. Der Bekanntheitsgrad einer Millionenstadt wie bspw. Berlin ist selbstredend um ein Vielfaches grösser, als jener einer x-beliebigen 300-Seelen-Gemeinde.

Der aufgeführte Vergleich zwischen Berlin und einer sehr kleinen Gemeinde «X» mag vielleicht etwas extrem sein. Dabei stellt sich grundsätzlich die Frage, «mit wem man sich überhaupt messen soll?» Der nationale und erst recht der internationale Standortwettbewerb findet längst nicht mehr auf kommunaler Ebene statt. Das wäre auch unsinnig. In der DACH-Region befänden sich sonst beinahe 16'000 Kommunen mehr oder weniger in direktem Wettbewerb zueinander. Bereits heute kämpfen viel zu viele Organisationen um die Rezipienten.

Eine praktische Erfahrung aus der Schweiz zeigt, dass eine sinnvolle Grösse für ein Standortmanagement bei 50'000 bis 60'000 Einwohnern beginnt. Kleinere Einheiten machen wenig Sinn, denn sie bringen in der Regel sowohl die finanziellen wie auch die personellen Ressourcen kaum zusammen, um eine angemessene Breiten- und Tiefenwirkung zu erzeugen. Noch weniger, wenn es um ein überzeugendes Inbound Marketing geht (siehe auch entsprechendes Kapitel), und schon gar nicht, wenn der Standort sich dem Outbound-, also dem klassischen Push-Marketing, verschreiben möchte.

Ein Beispiel, das zumindest Fragen zur Vermarktung auslöst, zeigt Winterthur, die sechstgrösste Stadt der Schweiz. Winterthur versuchte sich 2012, mit einer zweiwöchigen Plakataktion in den Schweizer Städten Zürich, Bern, Basel, St. Gallen und Winterthur sowie am Flughafen Zürich, auf direkter Augenhöhe mit der «Nachbarstadt» Zürich zu positionieren. Der Bekanntheitsgrad sollte gesteigert und das Image der Stadt positiv beeinflusst werden. Aus der Innenperspektive der Stadt Winterthur mag diese Aktion Sinn machen. Doch stellen sich folgende Fragen:

- Ist es folgerichtig, die sechstgrösste Stadt in noch grösseren Schweizer Städten mit Plakatwerbung bekannter zu machen?
- Kann eine Stadt wie Winterthur mit einer solchen Aktion aktiv etwas gegen die «Übermacht» der fast viermal so grossen Stadt Zürich ausrichten?
- Wie sinnvoll ist die Aktion, Winterthur in der bloss 20 km Luftlinie entfernten grössten Stadt der Schweiz (Zürich) mit teuren Plakaten zu bewerben?
- Würde es nicht mehr Sinn machen, die aufgewendeten Mittel zusammen mit Zürich in eine übergeordnete Kampagne zu stecken?

Abbildung 9: Plakatwerbung der (Schweizer) Stadt Winterthur

Positionierung – ein Puzzlespiel

Die kleinräumige Schweiz bietet ein Paradebeispiel dafür, wie schwierig es im modernen Standortmarkt ist, sich zu positionieren. Für die grosse Mehrzahl der Schweizer Bevölkerung ist innerhalb von 60 Minuten ein internationaler Flughafen erreichbar. In nur wenigen Minuten ist man im Grünen. Selbst die «Little Big City» Zürich ist umringt von Wasser und Naherholungsgebiet. Zentral liegen demnach eigentlich alle. Grünzonen haben auch alle. Wie kann man sich da noch positionieren? Das Beispiel von Winterthur zeigt sehr schön, wie sich Schweizer Städte grundsätzlich ähnlich sind. Hier die ehemalige Industriestadt Winterthur, da das Finanzzentrum Zürich. Und doch positioniert sich das Eingangstor zur Ostschweiz (Winterthur) bewusst und freiwillig derart nahe der «grossen Schwester», dass die Positionierung verwässert wird. Demnach soll Winterthur genauso eine Technologiestadt wie Zürich sein, nur mit mehr Power. Ebenso eine Bildungsstadt. Nur persönlicher.

Und trotzdem kommt man nicht darum herum, sich dazu zu bekennen, welches Teil im Puzzlespiel man ist bzw. man sein will.

Eine funktionale (Gross-)Region kann mit einem Puzzlespiel verglichen werden. Verkauft werden kann lediglich eine schön designte Schachtel ohne fehlende Teilchen. Ein Teilchen allein, kann schlecht verkauft werden. Mit ihm allein kann kaum etwas angefangen werden. Es gilt also, herauszufinden, welches Teilchen im Puzzlespiel man darstellt (oder darstellen will) und konsequent die entsprechende Rolle einzunehmen. Denn selbst mit grosser Kraft wird kein Eckteil eines Puzzles in die vorgegebene Form in der Mitte gepresst werden können!

Dann gilt es, alle Ressourcen einzusetzen, um diese Positionierung auf- und auszubauen.

Das Bild im Kopf des Kunden

Der Mensch denkt in Bildern. Bilder lösen Assoziationen aus. Zwar gelingt es meist auch, etwas mit Wörtern und Zeichen zu erklären. Doch das heisst noch lange nicht, dass auch Emotionen ausgelöst werden. Wie heisst es doch so schön... Ein Bild sagt mehr als tausend Worte.

Aber versuchen Sie es doch selbst. Was löst der folgende QR-Code bei Ihnen aus? Es ist wohl nicht vermessen, zu sagen, dass die Anordnung von schwarzen Flecken nicht grosse Emotionen auslösen. Haben Sie eine QR-Reader-App auf Ihrem Smartphone? Wenn ja... finden Sie – bevor sie umblättern, heraus, was Ihnen der folgende Code zu sagen vermag...

Sollte Ihr Smartphone keinen QR-Reader haben... Sie erfahren natürlich trotzdem, was der Code aussagt. Er steht für sieben Wörter: «San Francisco und die Golden Gate Bridge».

Und nun dieselben Bits und Bytes. Jedoch für das menschliche Gehirn aufbereitet:

Abbildung 10: Golden Gate Bridge, San Francisco (USA)

Was löst dieses Bild bei Ihnen aus? Man darf wohl davon ausgehen, dass das Bild von San Francisco mit der weltberühmten Golden Gate Bridge mehr als bloss eine Assoziation bei Ihnen auslöst. Kalifornien, Lifestyle, Sonne, Steile Strassen, Highway Number One, Silicon Valley. Und vieles mehr steht für San Francisco. Diese Begriffe lösen in unserem Hirn etwas aus, ohne es beschreiben zu müssen.

Um nochmals auf das Beispiel mit Winterthur zurückzukommen. Die ehemalige Industriestadt hat sich in den letzten Jahren herausgeputzt und braucht sich nicht mehr zu verstecken. Sehen Sie folgendes Bild an. Auch das ist Winterthur! Welche Gedanken löst dieses Bild bei Ihnen aus? Welche Verknüpfungen macht Ihr Gehirn dabei?

Abbildung 11: Katharina-Sulzer-Platz in Winterthur[2]

Auch das ist letztlich Standortmarketing! Wenn nun das Bild mit entsprechenden Aussagen verknüpft wird, dann wird in Ihrem Kopf mit der Zeit ein ganz anderes Bild von Winterthur entstehen, als jenes, das Sie

---

[2] Die reizvolle, städtebauliche Gegenüberstellung von alt und neu gibt der Stadt ein neues Gesicht. Und damit auch ein neues Image.

vielleicht vorher von der Stadt hatten. Überlegen Sie sich deshalb, welches die schönsten, interessantesten Ecken, Plätze und Orte in Ihrer Gemeinde sind, die eine Assoziation auslösen.

- Welches sind die schönsten Plätze in Ihrer Gemeinde?
- Wo ist die Aussicht am besten?
- Wo fühlen Sie sich am wohlsten?
- Wo tanken Sie innerhalb Ihrer Gemeinde am besten auf?

Lassen Sie diese Orte auf tollen Fotografien verewigen. Nutzen Sie die entsprechenden Medien (siehe auch Kapitel «Zauberwort Inbound Marketing») und verbreiten Sie die Botschaften, die das Bild in den Köpfen der Betrachter auslösen kann.

Für tolle Fotos muss nicht immer ein Profifotograf beauftragt sein. Wenn das Budget dafür schmal ist, fragen Sie den nächsten Fotoclub an. Häufig sind Amateurfotografen so ambitioniert, dass deren Bilder der Qualität professioneller Fotos nur wenig nachstehen. Mit der Verwendung von Bildern schlagen Sie zusätzlich zwei Fliegen auf einen Schlag:

- Sie machen dem Fotoclub oder –verein eine grosse Freude, wenn Sie die Vereinskasse mit einem bescheidenen Betrag aufstocken.
- Sie verhelfen dem modernen «Community»-Gedanken Nachschub, die Amateurfotografen identifizieren sich mit ihren eigenen Bildern und damit auch mit der Gemeinde.

Die verschiedenen Perspektiven

Ein entscheidendes Element darf dabei allerdings nicht vergessen werden. Alles und jedes hat verschiedene Wahrnehmungswinkel. Personen, die vielleicht schon seit mehreren Generationen an einem Ort zu Hause sind, nehmen ihre eigene Kommune anders wahr, als jemand, der erst vor einem Jahr aus der «Ferne» zugezogen ist. Bei der lange ansässigen Person spielen Beziehungen zu anderen Menschen eine Rolle. Gute (und schlechte) Erinnerungen an die Kindheit, positive (und negative) Erinnerungen an das Erwachsenwerden und vieles mehr. Eine «zugezogene» Person nimmt die Gemeinde oder Region so wahr, wie ihre Sichtweise bei der Gemeindewahl war. Wie ist das Wohnungsangebot? Wo liegt der nächste Wald? Wie schnell bin ich mit der Eisenbahn am Arbeitsort. Und viele andere Faktoren, die bei der Gemeindeauswahl eine Rolle spielten. So beurteilen in der Regel zugezogene Personen ihre Gemeinde eher besser, als jene Menschen, die schon Jahre dort wohnen.

Ein Beispiel aus der Praxis förderte Folgendes zu Tage: Eine Region wurde über Jahre hinweg von der ansässigen Marketingstelle als fortschrittlich, modern, ländlich mit klein-urbanen Zentren und an bester Lage liegend positioniert und vermarket. Neuzuzüger nahmen die Region ähnlich wahr. Sie schätzten die hervorragende Lage, aus der sie die Metropolen, welche hoch qualifizierte Stellen boten, innert kurzer Zeit erreichen konnten. Sie schätzten die überwiegende Ruhe in den Zentren und die zahlreichen Naherholungsgebiete. Zudem empfanden sie die Nähe zu den Hauptverkehrsachsen des motorisierten Individualverkehrs als grossen Standortvorteil.

Ganz im Gegensatz zu den langjährigen Bewohnerinnen und Bewohnern der Region. Viele von ihnen äusserten sich in einem Interview negativ über die täglichen Staus, welche die gute Verkehrslage über die Jahre hinweg auslösten. Staus, an die zuziehende Personen aus den grossen Agglomerationen längst gewöhnt waren. Die schon länger an-sässigen Menschen bezeichneten sich in der Breite als «unspektakulär», «durchschnittlich», «friedfertig», «konservativ» und gar als «spiessig». Dadurch stellte sich plötzlich die Frage, ob die als fortschrittlich und mo-dern dargestellte Region in der Vermarktung richtig gezeigt wurde. Es kam die Frage auf, ob sie authentisch wirkte? Oder ob sie bloss in eine «Schachtel» gepackt wurde, die beim Öffnen einen anderen Inhalt zu Tage förderte.

Viele zugezogene Personen WOHNEN zwar oft an einem Ort. Das heisst jedoch noch lange nicht, dass diese Menschen dort LEBEN. Dass sie am Gemeindeleben teilnehmen (wollen). Deshalb ist der Tatsache der un-terschiedlichen Wahrnehmung in einem Prozess der Gemeindeentwick-lung und –vermarktung zwingend hohes Gewicht beizumessen.

Schwerpunkt setzen

Claude Wagner

Jede Gemeinde sollte sich überlegen, wo sie den Schwerpunkt ihrer finanziellen Investitionen setzt. Wichtig ist, dass sie sich auf einen einzigen Fokus konzentriert. Sie muss sich entscheiden, ob sie für natürliche oder für juristische Steuerzahler attraktiv sein will. Diesen Schwerpunkt muss dann jede Gemeinde genau definieren. Gerade in ländlichen Gemeinden wird das Attribut «familienfreundlich» inflationär verwendet. Hinterfragt man dieses Attribut, stellt man fest, dass jede Gemeinde etwas anderes darunter versteht: Die Nähe zur Natur, Tagesstrukturen, Ober- und Unterstufen am selben Ort, Qualität der Bildungsangebote, Spielplätze, Halfpipes, Jugendräume, Konzertlokale etc.

Mit einer schwammigen Positionierung ist niemandem gedient, denn wenn eine Familie zuzieht weil die Gemeinde in der Werbung als «familienfreundlich» angepriesen wurde, das Angebot dann aber nicht ihren Bedürfnissen entspricht, was nicht immer sichtbar ist (z.B. ist das Merkmal «Qualität» sehr unterschiedlich interpretierbar), wird sie eine negative Mund-zu-Mund-Propaganda in ihrem Umfeld lostreten und wenn sie in einem Mietverhältnis ist, schnell wieder abwandern. Diesen Schwerpunkt auf- und ausbauen braucht Zeit und kann nicht innerhalb einer Legislaturperiode von vier Jahren realisiert werden, es ist also auch im Interesse der Bevölkerung, wenn sie für eine politische Kontinuität einsteht.

Internet als Eingangstor

Im Rahmen einer Studie wurden im Jahre 2012 (vgl. Bachmann T. et al., 2012) die in den letzten fünf Jahren zugezogenen Personen von sechs Gemeinden einer landschaftlich attraktiven Region in der weiteren Umgebung von Zürich gefragt, durch welche Kanäle sie auf die Region aufmerksam gemacht wurden: 50% gaben eine Immobilien-Webseite an,

33.8% wurden durch Freunde und Bekannte und nur gerade 9% wurden über Inserate in Printmedien auf die Region aufmerksam (der Fragebogen ging per Brief an alle stimmberechtigten, natürlichen Personen, die in den letzten fünf Jahren in diese Region gezogen sind (also Vollerhebung), konkret wurden 1'463 Personen befragt, die Rücklaufquote betrug ca. 23%, die Genauigkeit der Ergebnisse kann also recht hoch eingestuft werden.

Sie wurden auch nach dem Grund für ihren Zuzug befragt: 33% gaben die «ländliche Umgebung», 31% das «passende Wohnangebot» an. Auf die Frage, wie sich diese Neuzuzüger über das Geschehen in der Gemeinde informieren, gaben sie mit Abstand an erster Stelle die Gemeinde-Website an. Sie wurden auch gefragt, welches für sie die wichtigsten Themen für eine Website sind, die Antworten waren: 1. Verwaltung, 2. Veranstaltungen, 3. E-Services, 4. Steuern, 5. Sport (vgl. ebd.), S. 21f.). Diese Antworten zeigen, dass durch gezielte Online-Kommunikation Wesentliches erreicht werden kann (siehe auch Kapitel «Zauberwort Content Marketing»).

Service-Public-Gedanke verbessern

Eine übersichtliche, attraktive und aktuelle Website, die in einen Verwaltungs- und einen Lifestyle-Bereich (Leben, Wohnen, Freizeit und Arbeit) gegliedert ist, ein entsprechendes Dienstleistungsangebot, das z.B. Vermieter bei der Online-Vermarktung ihrer Wohnobjekte unterstützt, sind nur einige Beispiele, die viel bringen können (vgl. Lack, 2012). Dass im Verwaltungsbereich der Service-Public-Gedanke oft zu kurz kommt, mussten Betriebsökonomie-Studierende der HSW Basel feststellen, als sie die Websites ihrer Wohngemeinde zu analysieren und zu bewerten hatten. Es werden Informationen abgebildet, die aus Sicht der Verwaltung relevant sind, nicht aber unbedingt aus Sicht der Bevölkerung. Auch ist oft die Logik in der Navigationsstruktur ungenügend. Oft fehlt ein Online-Schalter, der gerade bei eingeschränkten Schalter-Öffnungszeiten ein willkommenes Angebot ist. Gratis-Dienstleistungen wie Energieberatung sollten ebenfalls verstärkt in den Vordergrund gerückt werden.

Hierzu ein Beispiel:

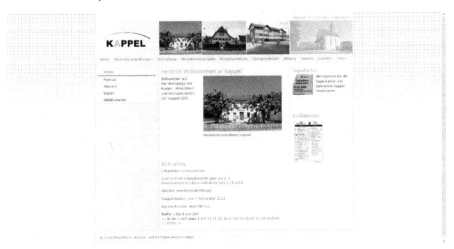

Abbildung 12: Website Gemeinde Kappel (SO)

Wenn eine Person, nachdem Sie auf einer Immobilien-Webseite ein passendes Wohnangebot gefunden hat, auf die Homepage dieser Gemeinde geht, erfährt sie nichts über deren Positionierung: Kein Claim (Slogan), keine (USP) «Unique Selling Proposition» bzw. kein «Unique Consumer Benefit» (UCB) ist auf den ersten Blick erkennbar.

Die Bilderwelt ist im wahren Sinne des Wortes nicht «merk-würdig», man vergisst die Gebäude schnell wieder, es fehlt das Anziehende, das Attraktive und es fehlen vor allem Werte (s. unten). Es fehlen auch die Menschen, die an diesem Ort wohnen und somit werden auch keine Gefühle ausgelöst. Gefühle sind für die langfristige Speicherung von Informationen jedoch essentiell. Dies kann man selbst testen, wenn man an die Kindheitserinnerungen denkt, diejenigen Informationen, die mit starken positiven oder negativen Gefühlen verbunden waren, sind geblieben.

Die wichtigsten Themen müssen auf einer Homepage links platziert werden, wo sie der Besucher intuitiv erwartet. Es fehlt hier auch der ganze Lifestyle-Bereich, Informationen zum Wohnen, zum Umzug, zum Leben und Arbeiten, und auch nur ein Teil der Freizeit-Angebote wird erwähnt (Veranstaltungen bzw. News). Es fehlt auch der Online-Schalter, ein E-Mail- oder SMS-Reminder-Angebot.

Fazit: Auch diese Website ist nur auf die Verwaltung fokussiert. Zentral gerade für potentielle Neuzuzüger/innen sind nebst Wohnangeboten eine klare Positionierung mit Logo, Claim und einer Bilderwelt, die Emotionen und somit auch Aufmerksamkeit auslöst. Und ohne Aufmerksamkeit sieht niemand die Fakten. Weshalb diese Elemente für die Wahl eines Standortes so zentral sind erklärt das «5-Phasen-Modell des Kaufprozesses»:

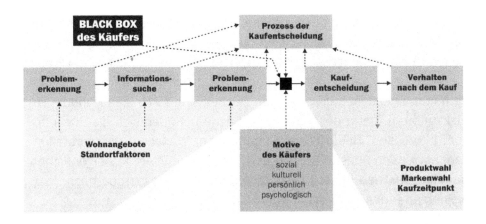

Abbildung 13: 5-Phasen-Modell des Kaufprozesses (eigene Darstellung in Anlehnung an Kotler et al., 2007)

Während der Phase der «Informationssuche» orientiert sich der potentielle Neuzuziehende an Fakten, Daten über die Stadt und Gemeinde, er vergleicht diese Daten und Fakten mit anderen Alternativen, dabei stehen die Wohnangebote sowie die für ihn wichtigsten Standortfaktoren im Vordergrund (geographische Lage etc.). Unterbewusst (nicht unbewusst) nimmt er aber auch Stimmungen, Werte, die über die Bilder vermittelt werden, wahr. Das «Eisbergmodell» von Sigmund Freud vergleicht das menschliche Verhalten mit einem im Meer treibenden Eisberg: Das, worauf wir in unserem Verhalten in täglichen Situationen bewusst zurückgreifen, macht nur 10 - 20% dessen aus, was unser Handeln bestimmt. Diese 10 - 20% liegen «über Wasser», während die restlichen 80 - 90% «unter der Wasseroberfläche» verborgen sind (vgl. Ruch/Zimbardo, 1974).

Im «5-Phasen-Modell des Kaufprozesses« von Kotler et al. (2007) wird dieses Phänomen durch die «Black Blox» dargestellt. Was sich gemäss Freud aber unter Wasser abspielt, hat einen grossen und in vielem sogar bestimmenden Einfluss auf das, was sich über dem Wasser ereignet. Diese Erkenntnis ist auch für die heutige Auseinandersetzung mit Kommunikationsprozessen von weitreichender Bedeutung. Denn Freud wie auch Kotler widersprechen deutlich der Auffassung, menschliches Verhalten sei allein auf bewusstes Denken und rationales Handeln zurückzuführen. Unter der Wasseroberfläche befinden sich die Erfahrungen, Interessen, Bedürfnisse, Stimmungen, Wünsche, Wertvorstellungen, aber auch Ängste, Sorgen und Nöte. Sie stellen den eigentlichen Handlungsantrieb für das Geschehen über der Wasseroberfläche dar, bleiben aber unsichtbar (vgl. Ruch/Zimbardo ,1974).

Daraus kann geschlossen werden, dass der Prozess des Entscheids für einen Standort zu mindestens 80% durch das Unsichtbare, aber sehr wohl unterbewusst Wahrnehmbare gesteuert wird. Die Wertvorstellungen einer Gemeinde- oder Stadt werden also heute gemäss der zuvor zitierten Studie in erster Linie über die Bilder, den Claim und den Slogan der Website unterbewusst in der Phase der Informationssuche und -bewertung wahrgenommen.

Ausgehend von den Stärken und Chancen (diese werden idealerweise durch eine Bevölkerungsbefragung erhoben) einer Gemeinde oder Stadt wird die Markenidentität gebildet. Wie bereits erwähnt muss sich jede Gemeinde oder Stadt überlegen, welchen Schwerpunkt sie setzt, um sich zu positionieren.

Dieser Schwerpunkt muss dem obersten zu schützenden Gut - zumindest für den Gemeinde- oder Stadtrat - entsprechen, um glaubwürdig zu sein. Zum Beispiel ist für das heutige Deutschland der «Schutz der Menschenwürde» (vgl. Verfassung) das oberste Gut, für die Firma Audi ist es die «Technologieführerschaft» (Slogan: «Vorsprung durch Technik»). Inhaltlich muss dieser Wert dann in den Claim einfliessen, und dies als sichtbare, beobachtbare Eigenschaft und nicht als Wertung. Die folgenden Beispiele zeigen, dass dieser inhaltliche Aspekt nur zum Teil beachtet wird:

Das Knonauer Amt – auf der Sonnenseite oder Rickenbach – ein Dorf unserer Zeit. Nur schöner.

Ansätze von konkreten, beobachtbaren Wertvorstellungen finden sich eher bei folgenden Claims:

«Rege Stadt, reges Dorf, Regensdorf» oder «Boswil klingt»[3]

Formal entsprechen diese Claims den Anforderungen, sie sind einfach, klar, positiv, anschaulich durch Metaphorik, Analogien und Anekdoten, sie enthalten z.T. Doppeldeutigkeiten, Wortspiele, was die Aufmerksamkeit des Betrachters bindet, sie «erfüllen» Wünsche. Ob Logo oder Wappen sollte ebenfalls nicht dem Zufall oder der Tradition überlassen werden, diese visuellen Elemente sind Bedeutungsträger im «unsichtbaren», aber «wahrnehmbaren» Bereich (gemäss Eisbergmodell, s. oben) sie müssen also auch Assoziationen zum Claim hervorrufen.

---

[3] In Boswil ist eine alte Kirche angesiedelt, die als einer der bedeutenden Orte für Musik in der Schweiz betrachtet wird.

Die folgenden Wappen und Logos vermitteln ganz unterschiedliche Botschaften:

Abbildung 14: Gemeindewappen/-logos

Wenn man das Logo auf der Homepage von Kappel (s. oben) betrachtet, so vermittelt dieses mit dem Bogen in Form eines Daches oberhalb des Dorfnamens Geborgenheit und Schutz, die Bilder und Stichworte vermitteln Altertümlichkeit, religiöse Verankerung, einige vor allem jüngere Besucher/innen der Website werden Gefühle von Bürokratie und Biederkeit spüren, evtl. mit dem Kreuz bei der Kapelle sogar einen Friedhof «wahrnehmen». Es ist also, ganz im Sinne des Eisbergmodells, zentral wichtig, sich zu überlegen, welche Wünsche und Sehnsüchte über diese Elemente vermittelt werden sollen. Vergleicht man die Homepage von Kappel mit der Bilderwelt von Gstaad, verspürt man doch sehr unterschiedliche Emotionen und Werte:

Abbildung 15: Website Gstaad; Look&Feel

Weniger sichtbar, aber mindestens so bedeutend für die Attraktivität eines Standorts sind also die «weichen» Faktoren, die auch mit bescheidenen Mitteln (verglichen mit dem Bau einer Mehrzweckhalle) beeinflusst werden können. Image entsteht schlussendlich durch die Summe von subjektiven Vorstellungen, Impressionen und Wahrnehmungen über einen Ort (vgl. Kotler/Gertner, 2004). Besonders in Gemeinden, die nicht mit einer einzigartigen Lage oder Nähe zu einer Grossstadt brillieren können, ist Werbung für den Standort mehr denn je auch als Kernaufgabe der Gemeindepolitik zu betrachten.

Die Kosten für Bildungswesen, Soziales und Infrastruktur steigen stetig. Und die Ansprüche der Bevölkerung an einen Standort ebenfalls. Gerade diese Gemeinden sind gefordert, denn gemäss Hochrechnungen, z.B. des Kantons Aargau, wird der Anteil an Menschen über 65 Jahren in den kommenden 15 Jahren um ca. 10% auf insgesamt 25% der Schweizer Bevölkerung steigen (vgl. Statisches Amt des Kantons Aargau, 2009). Ob dieser demographische Wandel durch die Zuwanderung ausländischer Fachkräfte mit hohem Einkommen in ländlichen Schweizer Gemeinden kompensiert werden kann, ist fraglich, denn diese potentiellen Neuzuzüger sind oftmals auf die Nähe zu internationalen Verkehrsverbindungen angewiesen, um nur ein Beispiel zu nennen.

Um steuerkräftige Personen anzuziehen, müssen diese Gemeinde von ihrem Schwerpunkt und somit dem obersten zu schützenden Wert ausgehend, überlegen, welche Zielgruppen auf diese Werte (vgl. Eisbergmodell) reagieren. Dank dem Modell der «Limbic Map» von Häusel muss man kein Marketing- oder PR-Profi sein, um diese Zielgruppen zu identifizieren, sein Modell reduziert die Komplexität der Thematik, indem er die Menschen in folgende Kategorien unterteilt (vgl. Häusel, 2010):

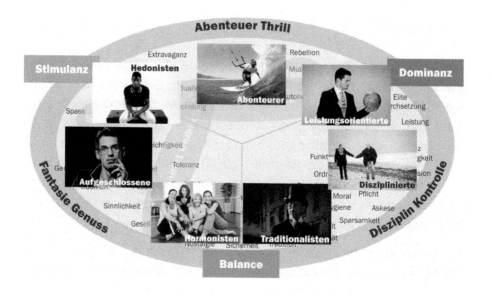

Abbildung 16: Warum Kunden kaufen; Kauftypen (Häusel 2010)

Leicht erkennbar durch diese Unterteilung bzw. Vereinfachung ist, dass Abenteurer, Hedonisten und evtl. auch die Leistungsorientierten sich wohl eher von der Bilderwelt von Gstaad angezogen fühlen, die Zielgruppen «Harmonisten», «Traditionalisten» und «Disziplinierten» könnten durchwegs für Kappel bei entsprechender Aufmachung gewonnen werden.

Die folgende Abbildung zeigt nun, welche Werte die entsprechenden Botschaften beinhalten könnten (vgl. Häusel, 2010), geeignet sind natürlich nur positiv besetzte Attribute wie Geborgenheit, Disziplin, Tradition, Gesundheit, Verlässlichkeit etc.:

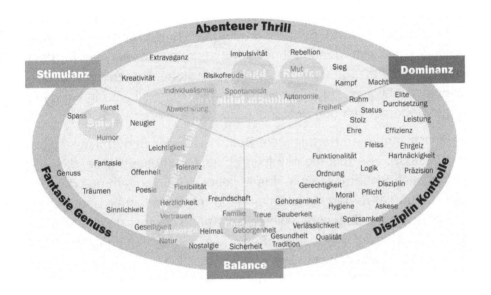

Abbildung 17: Warum Kunden kaufen (Häusel, 2010)

Zwischenmenschliche Kommunikation fördern – Beispiel Frischwarenmarkt

Imageprägend sind zum Beispiel auch regelmässig wiederkehrende Anlässe - wie ein Frischwarenmarkt am Samstagvormittag - der die Vernetzung der Einwohner/innen fördert und somit das Bilden von neuen Bekanntschaften und Freundschaften ermöglicht. Freundschaften binden Menschen an einen Ort. So bemerkt der Marketing-Experte Kotler: «Angesichts einer sich immer schneller wandelnden Umwelt, die für den Einzelnen immer undurchschaubarer wird, stehen speziell diese zwischenmenschlichen Traditionswerte hoch im Kurs; sie vermitteln dem Bürger Geborgenheit und Beständigkeit» (vgl. Kotler et al., 2007).

Ein Frischwarenmarkt erfüllt viele Bedürfnisse der Bedürfnispyramide nach Maslow: Er erfüllt die physiologischen Grundbedürfnisse, das Bedürfnis nach Sicherheit, wenn das Angebot von Erzeugern aus der Region stammt, er fördert die sozialen Bedürfnisse, indem er einen regelmässigen Ort der Begegnung bietet, der Kunde gewinnt durch den Austausch mit Menschen aus seiner Region an Bekanntheit und somit indirekt auch an Wertschätzung (vgl. Kotler et al., 2007). «Als Konsumenten wählen die Menschen Produkte, die ihre Rolle und ihren Status in der Gesellschaft signalisieren» (vgl. Kotler et al., 2007). Frischwarenmärkte rufen Assoziationen wie Tradition, regionale Verankerung, Qualitäts- und Umweltbewusstsein hervor.

Events allgemein fördern und subventionieren

Da die Resultate von Imagemarketing-Massnahmen selten kurz-, sondern in der Regel erst mittel- bis langfristig greifen, die Politik aber gerade in der Zeit des Auf- oder Ausbaus solcher Events die getätigten Ausgaben dem Souverän gegenüber mit schnellen Erfolgen legitimieren müssen, sollten bei Events insbesondere auch Gewerbe-, Kultur- oder Sportvereine miteinbezogen werden. Sie sind mit ihren regelmässigen

Treffen die eigentlichen Garanten für eine nachhaltige, positive Image-bildung auf lokaler Ebene.

Bei einem Dorf mit hohem Ausländeranteil kann eine Kulturkommission ein kulinarisches Fest der Völker organisieren, so machen Einwohnerinnen und Einwohner positive Erfahrungen mit anderen Kulturen. Auch bei Firmen hängt der Erfolg von Imagemarketing-Massnahmen ganz entscheidend von der Qualität der Kommunikation zwischen den Akteuren und Anspruchsgruppen ab. Eine Arbeitsgruppe in Form einer erweiterten gemeinderätlichen Delegation ermöglicht die Kontaktpflege mit den Geschäftsleitern ansässiger Firmen. Die Politik kann so schnell auf Bedürfnisse der Firmen reagieren und zugleich die CEO's motivieren, sich als Botschafter für ihre Gemeinde bei der Akquisition neuer Firmen zu engagieren.

Zu Recht weist der Standortmarketing-Experte, Robert Gubler, darauf hin, dass Standortmarketing in erster Linie «People Business» ist (Gubler/Möller, 2006). Dies wird auch durch die Resultate einer CEO-Umfrage in einer Solothurner Gemeinde bestätigt (vgl. Krähenbühl et al., 2007). Auf die Frage, welche Standortfaktoren für die Geschäftsleitung der angesiedelten Firmen die höchste Bedeutung haben, landete die «Freundlichkeit» der Gemeindeverwaltung an erster Stelle, erst danach folgten die harten Faktoren «Steuerfuss» und «Bauvorschriften»[4] (vgl. ebd.)

---

[4] Es wurden ca. 120 Fragebögen per Brief verschickt (Vollerhebung), 56 wurden retourniert.

Kundenorientierte Verwaltung: Ein Element des Standortmarketing-Mix'

Thomas Helbling

In diesem Kapitel wird aufgezeigt, welche Besonderheiten Verwaltungsdienstleistungen auszeichnen und welche systematischen Ansatzpunkte zur nachhaltig kundenorientierten Optimierung existieren.

Die Zufriedenheit von Bevölkerung und Unternehmen (im Folgenden werden diese zwei Teilmärkte summarisch als «Kunden» bezeichnet) mit den Gemeindeleistungen wird in keinem Ranking berücksichtigt. Daraus den Schluss zu ziehen, dass Investitionen in die Zufriedenheitsoptimierung eine Ressourcenverschwendung darstellten, ist genauso falsch wie die Hoffnung, mit maximaler Dienstleistungsqualität könnten geografische Standortnachteile kompensiert werden.

Obwohl niemand nur wegen z. B. bedürfnisgerechter Antwortzeiten der Gemeindeverwaltung seinen Wohnort wählt oder verlässt, zeigen praktische Erfahrungen, z.B. aus der Region Zug, dass solche Aspekte im umkämpften Standortwettbewerb um attraktive Steuerzahler das bekannte Zünglein an der Waage darstellen können.

Die Bedeutung zufriedener Kundschaft für den nachhaltigen Erfolg ist im Management genauso unbestritten wie in der Wissenschaft. Die Herausforderung liegt in der wirtschaftlichen Umsetzung, wird doch je länger je klarer, dass zufriedene Kunden und Kundinnen eine Bedingung, aber keine Garantie für den nachhaltigen Erfolg darstellen.

Kundenzufriedenheit mit Verwaltungsdienstleistungen: Die Herausforderungen

Ohne den Sinn der kundenorientierten Verwaltung grundsätzlich anzuzweifeln, hinterfragen Verwaltungsmitarbeitende die Zielsetzung «Kundenzufriedenheit» oft kritisch. Als Argument dagegen führen sie an, dass Verwaltungsstellen – ihren Aufgaben entsprechend – das Gemeinwohl und die Rechtssicherheit über die Individualinteressen stellen müssen. Naturgemäss folgt auf die Ablehnung etwa eines Baugesuches kein Freudensturm bei der Bauherrschaft.

Kundenorientierung in der öffentliche Verwaltung ist noch anspruchsvoller als in der Privatwirtschaft: Mitarbeitende können nicht nur Kundenbedürfnisse erfüllen, sondern müssen bei ihrer «Zwangskundschaft» auch hoheitliche Ansprüche durchsetzen. Eine Steuerbehörde beispielsweise muss klare Forderungen stellen (vgl. SOL Management Solutions o. J.)

Mehr Kundenzufriedenheit ist häufig mit höherem Aufwand verbunden. Entsprechend ist der Einwand zu hören, dass Gemeindeleistungen möglichst kostengünstig erbracht werden müssen. Nicht die Zufriedenheit, sondern der sorgfältige Umgang mit den Steuereinnahmen steht im Vordergrund. Auch wenn – nicht nur – bei der öffentlichen Hand in den letzten Jahren zugegebenermassen Kosteneinsparungen eher als die Differenzierung im Vordergrund standen [5] , ist hier unbestritten, dass nicht-bedürfnisgerechte Leistungen keinen Kundennutzen generieren und damit die grösste Ressourcenverschwendung darstellen.

---

[5] Michelis 2012

Erfolg dank Kundenzufriedenheit: Konzept

Abbildung 18: Erfolgskette kundenorientierter Verwaltungsleistungen [6]

Die auch bei Unternehmen nicht immer zutreffende, aber oft gehörte Argumentationskette «Kundenzufriedenheit führt zu Kundenbindung, was wiederum die Kundenprofitabilität garantiert» [7] (vgl. Abb. 21), gilt bei Gemeindeleistungen dank hohen Wechselbarrieren nur bedingt. Trotzdem sind kundenorientierte Gemeindeleistungen auch ökonomisch sinnvoll.

Bevölkerung und Unternehmen verstehen sich nicht mehr als Bittsteller, sondern erwarten von Verwaltungen eine hohe Servicequalität, analog wie sie dies von Unternehmen je länger je mehr gewohnt sind (z. B. Öffnungszeiten medizinischer Dienstleister). Nehmen Verwaltungen diesen Trend nicht auf, besteht die Gefahr, dass bis anhin hoheitliche Auf-

---

[6] Vgl. Meffert/Bruhn, 2003
[7] Vgl. Ergenzinger/Thommen, 2005

gaben ausgeschrieben werden. Ein Beispiel ist das wiederholt ausgezeichnete «Recycling-Paradies»[8], welches herkömmliche Entsorgungskonzepte von Gemeinden erfolgreich konkurrenziert.

In der Marketingliteratur existiert kein einheitliches Verständnis des Begriffs «Kundenorientierung». Unbestrittenes Ziel ist die Erfüllung der Kundenerwartungen. Entsprechend müssen sich alle Aktivitäten an den Kundenbedürfnissen ausrichten. Unabdingbare Voraussetzung für Kundenorientierung ist die Kenntnis der Erwartungen, Erfahrungen und Wahrnehmung der Zielkundschaft. So betrachtet ist die Kundenorientierung ein zentrales Prinzip des Marketings; es geht ja darum, Kundenbedürfnisse profitabel zu befriedigen.[9]

Kundenorientierte Unternehmensführung gemäss Marketingphilosophie bedeutet weder, dass der Kunde König ist, noch dass er immer Recht hat. Angestrebt wird eine partnerschaftliche Zusammenarbeit mit beidseitigen Rechten und Pflichten.

Die Kundenzufriedenheit ist das Ergebnis des Vergleichs der subjektiven Erwartungen, die vor der Inanspruchnahme der Dienstleistungen vorhanden waren, mit den subjektiv gemachten Erfahrungen. [10] Entsprechen die Erfahrungen der Wahrnehmung, ist der Kunde zufrieden. Werden die Erwartungen von der Leistung gar übertroffen, sprechen wir von der begeisterten Kundin.

Kundenorientierte Leistungsgestaltung von Gemeinden

Wie bei der Gestaltung eines Sachgutes müssen auch bei Dienstleistungen verschiedene Aspekte gemäss den Bedürfnissen der Zielgruppe definiert werden. Während es bei physischen Produkten z. B. darum geht,

---

8 http://www.recycling-paradies.ch [Stand: 12.10.13]
9 Kotler/Keller, 2012
10 Meffert/Bruhn, 2003

Verpackung und Funktionalitäten zu definieren, müssen bei Gemeindeleistungen typischerweise folgende Fragen geklärt werden:

- Handelt es sich um eine unverzichtbare Kernleistung (z. B. Abfallentsorgung) oder um eine Zusatzleistung (z. B. die Abgabe einer SBB-Tageskarte)?
- Welche Nutzen erwarten unsere Zielkunden?
- Was ist die Rolle der Kundin bei der Leistungserbringung?
- Wie sehen die erwarteten Reaktions- und Abwicklungszeiten aus?
- Können eventuell unterschiedliche Leistungen/Gebühren-Mixe angeboten werden (z. B. ein Expresszuschlag bei der Bearbeitung von Baugesuchen)?
- Können (Teil-)Leistungen automatisiert werden (z. B. am Online-Schalter)?

Die Besonderheit von Dienstleistungen besteht darin, dass der Kunde in den Prozess oft als sogenannter Co-Producer integriert wird und damit selber einen mehr oder weniger wesentlichen Teil des Outputs bestimmt.[11]

Bedingt durch den direkten Kontakt «Leistungsempfänger – Mitarbeiter/in» ist das Verhalten der Gemeindemitarbeitenden entscheidend. Entsprechend kommt den Mitarbeitenden der Umsetzung der kundenorientierten Dienstleistung eine Schlüsselrolle zu. In den Augen der Leistungsempfänger repräsentieren sie die Dienstleistung an sich und vertreten die Gemeinde.

Ein wesentliches Instrument zur Optimierung der Dienstleistungsqualität ist aus Perspektive des Dienstleistungs-Marketeers eine entsprechend fokussierte Human-Ressource-Strategie.

---

[11] Fliss/Lasshof, 2006

Abbildung 19: Human Resource Strategies for delivering service quality through people[12]

---

[12] Wilson et al., 2008

Typischerweise muss bei öffentlichen Verwaltungen die Dienstleistungsqualität mit den bestehenden Mitarbeitenden erhöht werden. Entsprechend hoch ist der Stellenwert der Entwicklung: Auch hier gilt der Leitsatz: «Keine Massnahmen ohne vorgängige Bedarfsanalyse»: Die im Zusammenhang mit Verwaltungen gehörte Vermutung, «die Mitarbeitenden seien ungenügend motiviert, kundenorientiert zu handeln», trifft gemäss den Erfahrungen des Autors nur selten zu. In solchen Fällen sind
dann obligatorische «Der-Kunde-ist-König-Seminare» nicht nur Ressourcenverschwendung, sondern sogar kontraproduktiv. Oft liegt der Er-
folgsschlüssel im Bereich «Empowerment», Mitarbeitende müssen befähigt werden, die gewünschte Qualität zu erbringen.

Entgegen der weit verbreiteten Meinung unterstützt die Zufriedenheit
der Mitarbeitenden die Kundenzufriedenheit, garantiert sie aber nicht.
Illustriert am Beispiel «Öffnungszeiten» mögen geschlossene Schalter
an Brückentagen die Zufriedenheit der Mitarbeitenden erhöhen, dieje-
nige der Kunden aber beeinflussen sie negativ. Entsprechend müssen
sich die Mitarbeitenden bewusst sein, dass sie gemessen am Ziel «Kundenzufriedenheit» Mittel zum Zweck sind.

Qualitativ hochwertige Dienstleistungen zeichnen sich gemäss den Er-
kenntnissen der Dienstleistungsmarketing-Vordenker Zeithaml und Pa-
rasuraman branchenunabhängig durch folgende Eigenschaften aus
(vgl. ebd.):

- Verlässlichkeit (umfasst Aspekte wie Termintreue oder die Fähigkeit, die versprochene Leistung zuverlässig und exakt auszuführen)
- Reaktionsfähigkeit (umfasst Aspekte wie Einsatzbereitschaft, schnelle Reaktion oder den Willen, Kunden bei der Lösung ihrer Probleme zu unterstützen)
- Leistungskompetenz (umfasst Aspekte wie Sicherheit, Vertrauenswürdigkeit, aber auch Auftreten und Höflichkeit der Mitarbeitenden)
- Einfühlungsvermögen (Verstehen der Kundenbedürfnisse und Bereitschaft, auf diese einzugehen)

Diese in unzähligen Studien empirisch belegten und erst noch «dem gesunden Menschenverstand entsprechenden» Eigenschaften eignen sich hervorragend, um Dienstleistungsqualität kontinuierlich kritisch zu hinterfragen und situationsgerecht sofort zu verbessern. Diese Reflexion erfolgt durch die Mitarbeitenden selber, muss erfahrungsgemäss aber durch die Vorgesetzten begleitet werden.

Prozess zur Optimierung der Dienstleistungsqualität: GAP-Analyse

Obwohl die Kundenorientierung ein explizites Ziel der meisten Organisationen ist und zahl-reiche Initiativen zur Verbesserung existieren, deuten viele Hinweise auf Mängel bei der Implementierung (vgl. Bruhn, 2002). Dies gilt nicht nur für öffentliche Verwaltungen!

Die Schlüsselfrage lautet: «Mit welchen konkreten Massnahmen kann die Diskrepanz zwischen Anspruch und Realität der Kundenorientierung reduziert werden?»

Erschwerend ist, dass die Verbesserungsaktivitäten im Rahmen der Zahlungsbereitschaft der Zielkundschaft realisiert werden müssen.

Fakt ist nämlich, dass Kunden nicht für alle gewünschten Leistungen auch bereit sind, entsprechend zu zahlen.

Zentrale Umsetzungsbarrieren der kundenorientierten Verwaltung liegen

- in den nicht kundenorientiert gestalten Prozessen,
- im nicht kundenfreundlichen Verhalten der Mitarbeitenden («Servicekultur») und/oder
- in den zu wenig bedürfnisgerechten Leistungen (vgl. Bruhn, 2002)

Der erste Schritt zur effizienten Verbesserung ist die Analyse der Problem-Ursache. Das GAP-Modell ist ein bewährtes Instrument zum Aufdecken von Schwachstellen. In einem schrittweisen, systematischen Vorgehen werden konkrete Ansatzpunkte zur Verbesserung der Kundenzufriedenheit gesucht.

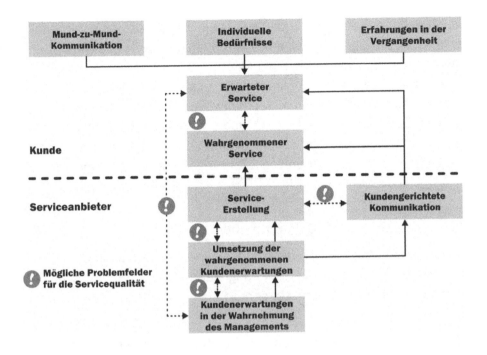

Abbildung 20: GAP-Modell der Dienstleistungsqualität, Zeithaml et al., 1988

In einem ersten Schritt geht es darum sicherzustellen, dass insbesondere die Führung (Administration und Exekutive) die Kundenerwartungen der unterschiedlichen Zielgruppen richtig versteht. Die entsprechende Schlüsselfrage lautet: Welche Leistungen erwarten die Zielgruppen und was sind ihre Erwartungen an die Dienstleistungsqualität? Darauf aufbauend, werden nun die Eckwerte der angebotenen Dienstleistungen definiert. Beispielsweise wird die Erwartung von Mietern «einfache Papierentsorgung» in die Leistung «Papierabfuhr jeweils am ersten Montag des Monates» übersetzt. Im letzten Schritt gilt es sicherzustellen, dass die definierten Leistungen auch wirklich in der gewünschten Qualität erbracht und richtig kommuniziert werden.

Die oft gehörte Aussage «Kunden werden je länger desto anspruchsvoller» trifft zu: Die eigenen Konsumerfahrungen und Aussagen von Dritten haben einen unmittelbaren Einfluss auf die Erwartungen. Öffentliche Verwaltungen müssen berücksichtigen, dass die Erwartungshaltung nicht nur durch Erfahrungen mit der Verwaltung selber beeinflusst wird, sondern dass Quervergleiche auch aus anderen Branchen üblich sind. Typisches Beispiel sind die Erwartungen an das E-Government, welche aus E-Commerce/Online-Banking-Erfahrungen abgeleitet werden.

Controlling: Sind wir auf dem richtigen Weg?

Das systematische Messen der Kundenzufriedenheit hat bei Unternehmen einen hohen Stellenwert. Der sogenannte «Net Promotor Score»[13] ist eine wesentliche Zielgrösse, gerade auch bei «Public Service-Providern»[14]

Öffentliche Verwaltungen neigen bezüglich Kundenzufriedenheit zu einem Blindflug: Oft wird von Bedürfnissen der Schlüsselpersonen in der Verwaltung oder Exekutive auf die Bedürfnisse der Zielgruppen geschlossen. Entsprechend werden z. B. die Bedürfnisse von attraktiven doppelverdienenden, wegpendelnden Neu-Zuzügern bei der Leistungskonzeption nur ungenügend mitberücksichtigt. Genauso falsch ist es, von einzelnen, bei Exekutivmitgliedern prominent platzierten Beschwerden auf die Gesamtzufriedenheit zu schliessen.

Nur die repräsentativ erhobene Zufriedenheit der Leistungsempfänger ermöglicht es einer Verwaltung, die eigenen Leistungen effizient zu verbessern: Die Investition in eine Zufriedenheitsanalyse lohnt sich. Die Kosten für die Durchführung betragen meist zwischen CHF 15'000.- und 30'000.--. Erfahrungsgemäss schätzen die Befragten das durch die

---

[13] Der Net Promoter Score gibt Aufschluss über die Wahrscheinlichkeit, mit der ein Kunde eine Leistung weiterempfiehlt. Berechnet wird er durch die Differenz der Promotoren und Kritiker.

[14] Typisches Beispiel ist die SBB (vgl. «SBB, 2012»)

Befragung gezeigte Interesse, wie überdurchschnittlich hohe Rücklaufquoten zeigen.

Die transparente Ergebniskommunikation auch unerwünschter Ergebnisse an alle Stakeholder[15] und das Aufzeigen der eingeleiteten Verbesserungsmassnahmen ist wesentlicher als die jährliche Durchführung der Erhebung. Je nach Situation ist eine Erfolgskontrolle der umgesetzten Verbesserungsmassnahmen etwa alle drei bis fünf Jahre angezeigt.

Das optimale Erhebungsverfahren zur Analyse der Kundenzufriedenheit ist abhängig von der Ausgangslage. Es empfiehlt sich, die Zufriedenheit (respektive die sogenannte Weiterempfehlung) gleichzeitig mit Bedürfnisanalysen zu eruieren. Insbesondere bei der Konzeption, aber auch der Realisation von Kundenzufriedenheitsmessungen ist die Zusammenarbeit mit Marktforschungsfachleuten lohnenswert.

«Reklamation ist eine Chance» – dieser oft gehörte Leitsatz ist in der Literatur unter dem Begriff «Service Recovery Paradox»[16] bekannt. Eine Meta-Analyse verschiedener Kundenzufriedenheitsumfragen belegt ebenfalls, dass sich die Investitionen in ein professionelles Beschwerde-management auszahlen, steigt doch die Weiterempfehlungsquote bei gutem Beschwerdehandling signifikant an.

---

[15] Am Beispiel der Stadtverwaltung Aarau: http://www.aarau.ch/documents/Ergebnisbericht_Zufriedenheit.pdf

[16] «Service recovery paradox is a supposed paradoxical effect where a product failure ultimately results in increased customer satisfaction, producing a level of satisfaction even greater than that expected with no product failure» (Journal of Service Marketing, 2007. http://en.wikipedia.org/wiki/Service_recovery_paradox [Stand: 15.10.13].

Abbildung 21: Elemente des Beschwerdemanagement-Systems (Heide 2007 zit. in Stauss/Seidel, 2002)

Im Rahmen des Beschwerdemanagements gilt es u. a. folgende Fragen zu klären:

- Beschweren sich alle unzufriedenen Kunden? Warum nicht?
- Warum beschweren sich Kundinnen?
- Welche Kunden beschweren sich am ehesten?
- Bei wem/wo beschweren sich Kundinnen?
- Was erwarten Kunden, die sich beschwert haben?

Die Beschwerdestimulierung will die gegenüber der Gemeinde unausgesprochenen Beschwerden minimieren. Um dies zu erreichen, sollten z. B. bei Verfügungen ergänzend zu der notwendigen Rechtsmittelbelehrung auch die verschiedenen Kanäle zur Kommunikation der Unzufriedenheit aufgeführt werden. Oft kann so auch die Einsprachsquote reduziert werden.

Das Verhalten der Mitarbeitenden, wenn sie Beschwerden annehmen, ist der zentrale Erfolgspunkt: Oft geht es der sich beschwerenden Person primär darum, der Organisation ein Feedback zur Verbesserung zu geben. Entsprechend ist es zentral, dass Mitarbeitende in dieser Phase nicht die Frage klären, wer Recht oder Unrecht hat, sondern die sozialen Erwartungen (aufmerksam zuhören, Verständnis für Unzufriedenheit zeigen etc.) abdecken.

Bewusst muss also unterschieden werden, ob es sich um eine Beschwerde im juristischen Sinn oder um eine Unzufriedenheitsäusserung handelt. Bei letzterer empfiehlt es sich, entgegen der weit verbreiteten Meinung möglichst schnell und unkompliziert mit der Person zu sprechen und auf schriftliche Botschaften wie «...wir prüfen Ihre Beschwerde und melden uns bei Ihnen...» zu verzichten.

Eskalieren Beschwerden in einer Verwaltung immer wieder einmal bis zu Exekutiv- oder Legislativmitgliedern oder gar in die Öffentlichkeit, ist dies ein Indikator für einen entsprechenden Trainingsbedarf bei den Mitarbeitenden.

Die Stadtverwaltung Stuttgart demonstriert wie ein Beschwerdecontrolling und -reporting effizient realisiert werden kann. Zur Nachahmung empfohlen: http://www.stuttgart.de/item/show/288284 [Stand: 15.10.13]

«Yes, you can – Just do it»: Zusammenfassung

Die Verbesserung der Kundenzufriedenheit ist eine permanente Aufgabe, welche vom Commitment und dem Vorleben der Führungskräfte und der Exekutive lebt.

Die bis anhin angebotenen Leistungen müssen bezüglich «Kundennutzen» systematisch kritisch hinterfragt werden. Dies hat bewusst aus der Zielgruppen-Perspektive zu geschehen, möglichst indem die Leistungsempfänger einbezogen werden.

Kundenorientierte Leistungen bedeuten für die Mitarbeitenden oft einen Zusatzaufwand. In einer dienstleistungsorientierten Kultur sind zufriedene Kunden aber mehr als nur eine «Aufwandentschädigung»; sie spornen entsprechend intrinsisch motivierte Mitarbeitende zu weiteren Höchstleistungen an.

«Walk In The Customers Shoes»: Die periodische Analyse aller Kontaktpunkte eines «Gemeinde-Kunden» ist ein Muss.

«Es gibt nichts Gutes ausser man tut es»: Kleine realisierte Schritte generieren mehr Kundennutzen als umfangreiche Konzepte.

Vom Standortmarketing zum –management

Markus Müller

Die Ausführungen haben gezeigt, dass heute, je überschaubarer und kleiner der Standort ist, desto kleiner die vorhandenen Möglichkeiten sind, einen Standort **aktiv** zu vermarkten. Die Ressourcen fehlen meist. Trotzdem versuchen sich immer mehr kleinere Standorte – was dem Trend entspricht, ein möglichst aktives Marketing zu betreiben. Die personellen Ressourcen sind meist bescheiden, oft werden Personen aus dem bestehenden «Staff» mit dem Auftrag bedacht. Die Mittel, um professionelle Personen oder Organisationen zu beauftragen sind nicht überall vorhanden. Und wo sie, in Hoffnung auf möglichst rasche Erfolge, trotzdem aufgebracht werden, resultiert nicht selten ein halbherzig betriebenes (aktives) Push-Marketing. Die Erfolgsquoten sind häufig bescheiden. Die Wahrnehmung der Politik ist dabei oft getrübt vom Wunsch nach Prosperität und Wohlstand. Und der Wunsch ist sprichwörtlich häufig Vater des Gedankens (Standortmarketing betreiben zu wollen).

Abbildung 22: Der moderne Standortmanager

Doch was kann eine Gemeinde, eine Region tun, um den eigenen Standort ins bestmögliche Licht zu rücken?

Positionierung – einmal mehr

Vorab gilt es, sich im Puzzle der nächsthöheren Vermarktungseinheit zu positionieren. Wie vermarktet sich die Einheit? Wie positioniert sie sich? Welche einzigartigen Standortmerkmale (USP) bzw. welche Alleinstellungsmerkmale in der Werbung (UAP) verwendet die Vermarktungsorganisation?

Findet man bspw. dass der nächsthöhere funktionale Raum sich als Industrieschwerpunkt vermarktet, bietet sich eventuell die Chance, sich als «Wohngemeinde» zu positionieren.

Definition strategischer Erfolgspositionen

Danach gilt es, alle Energie darauf zu verwenden, innerhalb des definierten Raumes die strategischen Erfolgspositionen zu definieren. Als Wohngemeinde würde dies bspw. heissen: Hangwohnlagen, belebter Dorfplatz mit zahlreichen hervorragenden Cafés oder beste Busverbindungen zum nächsten überregionalen oder nationalen Bahnhof. Die erkannten Stärken sollen in die eigene Kommunikation einfliessen und vor allem in jener der nächsthöheren Vermarktungseinheit sichtbar werden.

Verbesserungspotentiale erkennen

Der nächste Schritt gehört der Erkennung der Verbesserungspotentiale, die in Prozessabläufen der Verwaltung, beim Dienstleistungsangebot, in der Kundenfreundlichkeit, in der Einfachheit der Kundenbeziehungen oder auch bei der Infrastruktur des Standortes liegen können. Danach beginnt die Sisyphus-Arbeit des Standortmanagers. Er soll Projektleiter der Innovations- und Entwicklungsarbeit sein. Er soll die Veränderungsprozesse anstossen, im Wissen, dass er nicht derjenige sein kann, der die Veränderung erwirken kann. Dazu sind die Systeme der Standorte viel zu komplex. Der Standortmanager soll ein Katalysator sein, Prozesse überhaupt erst ermöglichen und beschleunigen. Der Standortmanager muss jedoch auch ein Beziehungsmanager sein. Gerade weil er im Spannungsfeld der Öffentlichkeit, der Wirtschaft, Politik, vielleicht sogar der Kultur des Standortes steht, muss er auch eine integrative Persönlichkeit sein, die vernetzen und überzeugen kann.

Veränderungen umsetzen und begleiten

Gerade weil Change-Prozesse in komplexen Systemen, wie sie Gemeinden und Regionen sind, höchst anspruchsvoll sind, muss – je nach Komplexität der Projekte – mit einer Umsetzungszeit von bis zu zehn Jahren gerechnet werden, wie die Erfahrungen des Autors zeigen. Die Verantwortung und Herausforderung liegt darin, dass der Standort, insbesondere die Verantwortlichen der Politik sich bewusst werden, dass die meisten Veränderungsprojekte ihre eigene Legislaturperiode überdauern werden. Der Veränderungsprozess muss deshalb zwingend nicht (nur) auf der politischen Ebene stattfinden. Er funktioniert ausschliesslich, wenn es den Change Managern, zusammen mit den «Promotoren» (siehe auch nachfolgende Grafiken) gelingt, den Veränderungsprozess voranzutreiben und gleichzeitig die «Skeptiker» und «Bremser» gleichermassen kommunikativ zu bedienen und über die Zeit mit ins Boot zu holen.

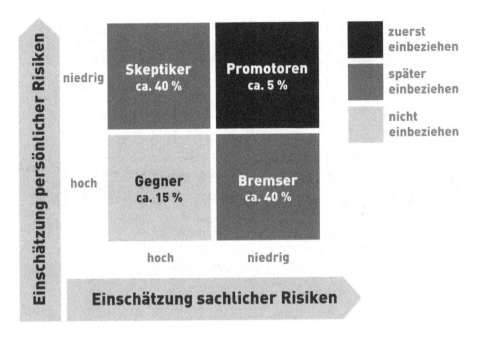

Abbildung 23: Akzeptanzmatrix nach Mohr et al., 1998[17]

In den ersten Phasen des Veränderungsprozesses ist davon abzusehen, die sogenannten «Gegner» an Bord holen zu wollen. Obwohl der Mensch grundsätzlich ein harmoniebedürftiges Wesen ist, wird es nicht gelingen, die Gegner von Beginn weg mit an Bord zu haben. Man weiss, dass Gegner einer Veränderung, sich zuerst konsequent darauf «einschiessen», was sie bei einer Veränderung **verlieren** und selten daran denken, was sie nach einem Change-Prozess **gewinnen**. Die in diesem Zusammenhang so genannten «Gegner» sind nur durch Erfolge zu überzeugen. Sie sind deshalb kritisch im Blick zu behalten.

---

[17] vgl. Kostka/Mönch, 2009

In diesem Zusammenhang ist eine konsequente, kompetente und kontinuierliche Veränderungskommunikation zu gewährleisten. Grosse Hilfestellung bietet dabei die adäquate Nutzung verschiedener sozialer und elektronischer Medien (siehe dazu Kapitel «Social Media für Gemeinden und Regionen»).

Eine kurze Zusammenfassung des Veränderungsprozesses für Gemeinden und Regionen

- Positionierung im übergeordneten funktionalen Vermarktungsgebiet
- Definition strategischer Erfolgspositionen
- Verbesserungspotentiale erkennen
- Veränderungen umsetzen und begleiten

Public Innovation!

Markus Müller

Was ist Innovation überhaupt? Innovation basiert auf dem lateinischen Tätigkeitswort «innovare», was nichts anderes als «erneuern» bedeutet. Innovation ist heute ein beliebter Ausdruck. Man könnte gar das Zeitalter, in dem wir uns heute wirtschaftlich befinden, als Ära der Innovationen bezeichnen.

Im weiteren Sinne ist jedoch Innovation nichts Neues. Dazu mehr anhand des Beispiels eines Gebäudes. Der Zahn der Zeit nagt daran. Die Fassade ist Wind und Wetter ausgesetzt. Farben bleichen aus. Holz wird über Jahrzehnte faul, Metall beginnt irgendeinmal zu rosten. Sanierungen und Renovationen sind dafür da, dass das Gebäude in einem bewohnbaren Zustand bleibt. Man merke jedoch, das Bauwerk ist weder ausgebaut noch vergrössert worden. Anhand dieses metaphorischen Beispiels erscheint es jedermann logisch, bei Bauwerken einen fortlaufenden Erneuerungsprozess im Gange zu halten. Der Ausdruck Innovation wird im Alltag jedoch weniger mit Häusern, sondern viel mehr mit der Wirtschaft in Verbindung gebracht. Hier werden Produkte- und Dienstleistungspaletten bzw. ganze Unternehmen erneuert. Auch in der Wirtschaft dient der Innovationsprozess dazu, das Unternehmen auf einem Status Quo zu halten. Innovationen dienen a priori noch keineswegs dazu, Umsätze zu erhöhen, sondern dazu, diese auf die Dauer zu erhalten.

Auch Staaten können innovieren. Die Cornell University, das Bildungsinstitut INSEAD und die «World Intellectual Property Organization» publizieren jährlich einen «Global Innovation Index» (vgl. www.globalinnovationindex.org). Das deutschsprachige Europa (DACH-Region) schneidet dabei regelmässig sehr gut ab. Von (2013) 142 rangierten Nationen belegt Österreich den 23., Deutschland den 15. und die Schweiz sogar den

1. Platz. Die der Bewertung zu Grunde liegenden Faktoren sind sehr vielfältig und reichen vom politischen bis hin zu Online-Kreativitäts-Indikatoren wie die Anzahl der heraufgeladenen Videoclips auf youtube.

Doch auch wenn Deutschland, Österreich und die Schweiz stets Spitzenpositionen in beschriebenem Ranking einnehmen, heisst das nicht, dass die Erneuerungskraft auch für Regionen, Gemeinden bzw. öffentliche Verwaltungen gleichermassen gilt. Nicht selten gelten (öffentliche) Verwaltungen noch immer als Sinnbild dafür, dass sie ihren Namen zu ernst nehmen. Ein Blick in den Duden zum Ausdruck «verwalten» sagt Folgendes[18]: «Verwalten» bedeutet, «im Auftrag oder anstelle des eigentlichen Besitzers betreuen, in seiner Obhut haben, in Ordnung halten». Während man bspw. ein Vermögensverwalter, mit dem man nicht zufrieden ist, der vielleicht eine schlechte «Performance» ausweist, verhältnismässig rasch wechseln kann, ist dies bei einer Verwaltung, die – im Grunde genommen – das öffentliche Gut verwaltet, nicht möglich.

Die Tatsache, dass sozusagen ein Monopol besteht, verleitet demnach noch immer rasch zu einer verwaltenden Haltung, die Erneuerung nicht nötig hat oder die Notwendigkeit derselben nicht sieht. Innovation im öffentlichen Bereich bzw. im Standortmarketing wird immer mehr zum Schlüsselelement in der Differenzierung zwischen Regionen und Gemeinden. In einer Zeit, die es kaum mehr erlaubt, sich nur über die aktive (Push-)Kommunikation zu behaupten, wird zum Gewinner, wer seinen Standort dahingehend entwickelt, dass dieser Angebote vorlegt, die kein anderer Standort in dieser Form vorzuweisen hat.

Die europäische Union hat den Innovationsbedarf im öffentlichen Raum insofern erkannt, dass sie 2012 einen «Innovationspreis im öffentlichen Dienst» ausrief. Unterteilt wird der Wettbewerb in die drei Kategorien «Bürger», «Unternehmung» sowie «Bildung und Forschung». Teilnehmen

---

[18] http://www.duden.de/rechtschreibung/verwalten

können Regionen aus Ländern, die dem europäischen Forschungsrah-
menprogramm[19] [20] [21](inkl. Schweiz) angehören. Im Juni 2013 wurden
die ersten Preisträger ausgezeichnet.

Kategorie «Bürger»

- Metropolregion Helsinki in Finnland – Bereitstellung offener Daten
  zur Einbeziehung der Bürgerinnen und Bürger bei der Entschei-
  dungsfindung;
- Schwedische nationale eHealth-Initiative – Möglichkeiten für Pati-
  entinnen und Patienten sowie für Leistungserbringer, Gesundheits-
  daten online abzurufen;
- Londoner Stadtbezirk Islington, Vereinigtes Königreich – integrier-
  tes Massnahmenpaket zur Verringerung der Energiearmut sowie
  der übermäßigen Zahl der durch Kälte verursachten Todesfälle und
  Krankenhauseinweisungen

Kategorie «Unternehmen»

- Spanischer Knotenpunkt für offene Daten – ehrgeizige nationale Initiative zur Weiterverwendung von Informationen des öffentlichen
  Sektors, durch die neue wirtschaftliche Möglichkeiten geschaffen
  werden;
- Regionalverwaltung der nördlichen Provinzen der Niederlande –
  webgestützte Plattform zur Bereitstellung eines schnellen Zugangs
  zu Finanzierungsmöglichkeiten für Unternehmen;

---

[19] http://www.forschungsrahmenprogramm.de/
[20] http://www.ec.europa.eu/admin-innovators
[21] http://europa.eu/rapid/press-release_MEMO-13-503_en.htm

- Portugiesische Agentur zur Reform des öffentlichen Dienstes – einfache, mit keiner oder nur sehr geringer Wartezeit verbundene Unternehmensgründung

Kategorie «Bildung und Forschung»

- Spanische Region Murcia – Studententeams als Unternehmer treten in einen Wettbewerb um energieeffiziente Fahrzeuge;
- Kroatisches Bildungs- und Forschungsnetz – Förderung des gleichen Zugangs zu hochwertiger Bildung durch ICT-Ausstattung (Information Communication Technology) von Grundschulen in abgelegenen Gebieten;
- Slowakische nationale Initiative – System zur Erkennung von Plagiaten in Abschluss- und Doktorarbeiten an allen Hochschulen.

Bei der Betrachtung der Herkunft der Preisträger fällt auf, dass diese aus nordeuropäischen Ländern wie Schweden oder Finnland stammen, die an sich schon als innovative Nationen gelten. Weiter stammen die Preisträger aus Staaten wie Kroatien, Spanien oder Portugal, die aufgrund ihrer wirtschaftlichen Situation einen hohen Reform- und damit Innovationsdruck haben. Aus der DACH-Region wurde keine teilnehmende Region oder Stadt ausgezeichnet, obwohl eine österreichische und zwei deutsche Initiativen zu den Finalisten gehörten.

In diesem Kontext darf auch auf die jährlich stattfindende Konferenz «WIRE» (Week of Innovative Regions in Europe)[22] hingewiesen werden. Während drei Tagen tauschen sich die Teilnehmenden über die Notwendigkeit und Erfolge von Innovationen im öffentlichen Raum aus.

Im folgenden Abschnitt wird nun aufgezeigt, was im öffentlich-rechtlichen Bereich unter Innovation verstanden werden kann.

---

[22] http://wire2013.eu/

Der Innovationsprozess im öffentlichen Bereich

Innovation im öffentlichen Raum wird nicht selten mit der Einführung von neuen IT-Systemen und –prozessen gleichgesetzt. Das ist falsch, denn im Grunde genommen sind Neuerungen im IT-Sektor lediglich ein kleiner Teilbereich der Innovation (technische Innovation). Schauen wir uns aber den Begriff der «Innovation» im öffentlich-rechtlichen Bereich und im Standortmanagement näher an. Dazu schauen wir zuerst auf eine gängige Definition für den Begriff und verweisen auf eine eingeführte Begriffsbestimmung wie sie die Online-Enzyklopädie «wikipedia.org» verwendet. Diese unterscheidet bei Innovationen zwischen[23]

- technischen Innovationen
- Service-Innovationen
- Geschäftsmodell-Innovationen
- Design-Innovationen und
- soziale Innovationen.

Davon abzugrenzen sind «Inventionen» (Erfindungen). Diese werden erst zu Innovationen, wenn die entsprechenden Produktionseinrichtungen oder die Organisationen sich den veränderten Begebenheiten angepasst haben. Was dies, übertragen auf Verwaltungen und Standortmanagement bedeuten kann, zeigen folgende beliebigen Beispiele. Die Beispiele dienen der bildlichen Verdeutlichung. Sie müssen nicht zwingend umsetzbar sein.

---

[23] http://de.wikipedia.org/wiki/Innovation

Innovationsart	Beispiel
Technische Innovation	Abstimmungen und Wahlen werden nicht mehr persönlich oder auf dem Postweg durchgeführt, sondern per E-Voting.
Service-Innovation	Das Informations- und Service-Desk einer Verwaltung hält künftig ihre Türen bis 19.00 Uhr geöffnet, damit Pendler ihre Bedürfnisse auch nach Arbeitsschluss decken können.
Geschäftsmodell-Innovation	Die Geschäfte der Verwaltungseinheiten werden nicht mehr über Steuerzahlungen finanziert, sondern nach dem Verursacherprinzip. Personen, die eine Dienstleistung beanspruchen zahlen auch dafür.
Design-Innovation	Das Gemeindehaus und öffentliche Gebäude werden von berühmten Architekten designt.
Soziale Innovation	Gewisse Arbeiten städtischer Werke (bspw. Strassenunterhalt) werden von Bewohnern übernommen. Diese erhalten im Gegenzug Steuervergünstigungen.

Abbildung 24: Innovationsarten (eigene Darstellung in Anlehnung an wikipedia.org[24])

Gewisse dieser Neuerungen klingen vielleicht zu Beginn etwas gar utopisch. Wie soll es z.B. funktionieren, dass Unterhaltsarbeiten von Bürgern übernommen werden. Die reine Tatsache birgt erst eine potentielle Invention oder Evolution einer Dienstleistung. Erst wenn die Neuerung über Prozesse und Infrastrukturnutzen umgesetzt wurde, spricht man von der eigentlichen Innovation. Viele (Er-)Neuerungen klingen in einer ersten Phase utopisch oder fremdartig. Viele fallen auch der Machbarkeit (vorerst) einmal zum Opfer.

---

[24] http://de.wikipedia.org/wiki/Innovation

Kreative Ideen entwickeln und umsetzen

Wird ein Veränderungs-/Innovationsprozess systematisch initiiert, bildet häufig die kreative Ideenfindung für neue Produkte und/oder Dienstleistungen den ersten Schritt. Dabei ist zu entscheiden, welche Art der Ideengewinnung beschritten werden soll. Man unterscheidet zwischen «Closed» und «Open Innovation»[25]. Die geschlossene Innovation wird innerhalb der Organisation durchgeführt. Am Prozess nehmen in der Regel Personen aus der Organisation teil. Die Prozesse werden meist moderiert. Noch immer als geschlossener Prozess kann ein Outsourcing bezeichnet werden, sofern die Innovationsagentur nicht Instrumente der Open Innovation zur Ideengewinnung einsetzt. Der Unterschied zum ganz geschlossenen Prozess in einzig derjenige, dass die kreative Arbeit von professionellen Innovatoren übernommen wird.

Komplett im Gegensatz dazu steht der offene Innovationsprozess. Open Innovation bedeutet, dass kollektives Wissen (auch Schwarm-Intelligenz genannt) dazu benutzt wird, um aus eigentlicher Nutzer- und Kundensicht potentielle Lösungen vorgeschlagen zu erhalten. Die Ideen sind in der Regel zahlreich, regelmässig werden zu Beginn eines Prozesses mehrere hundert Vorschläge mehr oder minder günstig generiert.

Open Innovation ist an sich eine verhältnismässig neue Art der Innovation. Und doch bewegen sich im Markt bereits allerhand Unternehmen, die ihre Dienste anpreisen. Der Miteinbezug einer Open Innovation Plattform lohnt sich in den meisten Fällen. Für wenig Geld wird selten mit vergleichsweise geringem Aufwand eine Fülle an Ideen gesammelt[26] [27] [28].

---

[25] http://de.wikipedia.org/wiki/Open_Innovation
[26] http://www.boardofinnovation.com/list-open-innovation-crowdsourcing-examples/
[27] http://www.openinnovation.eu/
[28] http://www.openinnovators.de/

In einer zweiten Phase werden die Ideen gegebenenfalls durch zusätzliche Techniken vermehrt. Die dritte Phase gehört dem Clustering. Ähnliche Ideen werden zusammen abgebildet, um Doubletten auszusondern. Im nächsten Abschnitt werden die Vorschläge und Ideen beschrieben und priorisiert.

Schliesslich folgt mit der eigentlichen Umsetzung und Implementierung die langwierigste und intensivste Phase des gesamten Innovationsprozesses. Die Einbindung in bestehende Prozesse und Organisationen bildet das Schlüsselelement der gesamten Innovation. Nicht selten versandet die Erneuerungsphase nach der Ideengenerierung, weil keine Verantwortlichen in der Organisationen gefunden oder beauftragt werden, die Ideen zu implementieren.

In welcher Art und Ausprägung auch immer, Innovationen haben immer einen Einfluss auf die Organisation. Produktions- und Serviceabläufe werden angepasst, Organisationsstrukturen verändert, je nachdem wie radikal die Neuerungen sind, werden gar Philosophien und Werte in Frage gestellt. Veränderungen sind nicht selten «schmerzhaft» und sind in der Regel zu moderieren und zu begleiten.

Der Veränderungsprozess

Veränderungsprozesse werden heute – speziell in Verwaltungen - gerne in Grossgruppen-Prozessen gestartet. Formate wie World Café oder auch Open Space-Veranstaltungen sind beliebt[29] [30] [31].

Der Erfolg solcher Prozesse ist jedoch nicht im vornherein gegeben. Die der Idee des Grossgruppen-Prozesses zugrunde liegende Tatsache, dass gleich von Anfang an möglichst viele Anteilsgruppen in den Prozess miteinzubinden sind, wird relativiert. Im demokratischen Grundverständnis ist es zwar eine begrüssenswerte Tatsache, dass sich Bürgerinnen und Bürger an einem Prozess beteiligen können. Wie stark die demokratische Einbindung allerdings auf Kosten des Umsetzungserfolgs oder zumindest auf Kosten der Umsetzungsgeschwindigkeit gewichtet wird, müssen öffentlich-rechtliche Organisationen situativ entscheiden. In der Regel, das zeigt die früher aufgeführte Akzeptanzmatrix nach Mohr, haben die «Promotoren» und «Gegner» einer Idee zu Beginn eine hohe Motivation am Prozess mitzuwirken. Es sind jene Teilgruppen, die oft den grössten persönlichen Gewinn (bzw. Verlust) aus einer Veränderung ziehen.

«Bremser» und «Kritiker», die naturgemäss den grössten Teil der im Prozess involvierten Personen ausmachen, sind lediglich durch persönliche Vorteile bzw. durch die unbedingte Notwendigkeit einer Angelegenheit zu überzeugen. Ganz gut lässt sich diese Tatsache anhand des metaphorischen Bildes einer Waage darstellen.

---

[29] http://de.wikipedia.org/wiki/Open_Space
[30] http://de.wikipedia.org/wiki/World-Café
[31] http://www.theworldcafe.com/

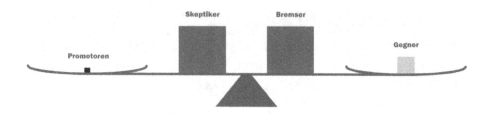

Abbildung 25: Anteilsgruppen im Veränderungsprozess (eigene Darstellung in Anlehnung an Mohr et al., 1998

Die Masse der jeweiligen Anteilsgruppen (Promotoren ca. 5 %, Gegner ca. 15 %, Kritiker und Bremser je ca. 40 %) sind in obiger Abbildung gewichtet dargestellt. Dabei fällt auf, dass sich Kritiker und Bremser in einer ersten Phase neutralisieren (vgl. ebd.). Ausschlaggebend sind deshalb zu Beginn des Prozesses die Promotoren und Gegner. Die Abbildung zeigt vereinfacht auf, dass überzeugte und aktive Gegner in einem heutigen demokratischen Umfeld gute Chancen haben, grundlegend gute Ideen von Innovatoren aus dem öffentlich-rechtlichen Umfeld zu torpedieren. Initianten eines Veränderungsprozesses tun deshalb gut daran, sich früh genug zu entscheiden, welchen Weg sie für den «Change» einschlagen wollen.

Speziell wenn die Veränderung unter dem Blickwinkel der Standortentwicklung und damit im weiteren Sinne mit dem Standortmarketing ins Auge gefasst wird, empfiehlt es sich, den Prozesses vorerst in kleinerem Kreis zu initiieren. Das schliesst zwar in einer ersten Phase die grosse Masse der «Skeptiker» und «Bremser» aus. Da diese Gruppen so oder so erst in einer späteren Phase relevant werden, erhalten moderne Kommunikationskanäle wie Blogs oder soziale Medien einen sehr hohen Stellenwert. Mit einfachen Mitteln lassen sich die beiden Gruppen informieren und (elektronisch) partizipieren, ohne dass sie unmittelbar in den Veränderungsprozess involviert sind. Mehr dazu lesen Sie auch im Abschnitt «Social Media für Gemeinden und Regionen».

Moderne Kommunikation im Standortmanagement

Markus Müller

Seit der Jahrtausendwende ist Standortmarketing immer mehr in Mode gekommen. In den 1990er-Jahren existierte kaum ein Lehrgang in diesem Bereich. Heute schmückt sich fast jede Hochschule mit einem Lehrgang in Regionalmanagement, Standortmarketing oder Regionalentwicklung. Das ist gut, denn letztlich ist es für Regionen und Kommunen überlebenswichtig, dass ihre Standorte als zukunftsorientiert wahrgenommen werden. Sehr oft wird allerdings noch mit Marketing- und Kommunikationspraktiken gearbeitet, die mehr und mehr aus der Mode kommen. Im Wohnstandortmarketing gehört der Messeauftritt noch oft zum guten Ton. Überdimensionierte Plakatwerbung ist nicht selten und Tourismusdestinationen versuchen, sich über TV-Werbung zu positionieren.

Reizüberflutung und selektive Wahrnehmung

Mit dem Aufkommen des modernen Marketings nahm in den letzten rund 50 Jahren die Vermarktung von Produkten und Dienstleistungen kontinuierlich zu. Die Zeitalter des Internets und der damit zusammenhängenden Kommunikationsmöglichkeiten rund um die Uhr bewegte die moderne Gesellschaft endgültig in einen Zustand der konstanten Reizüberflutung. Ein geflügelter Ausdruck spricht davon, dass die Menge an Informationen, die ein heutiger Mensch zu verarbeiten hat, im Mittelalter in etwa jener Menge entsprach, die ein damaliges Individuum während eines ganzen Jahres verarbeitete.

In den 1960er-Jahren war es vornehmlich die klassische Print-, Radio- und Fernsehwerbung, die uns von Produktevorzügen zu überzeugen versuchte. Die Produkteregale waren damals vielleicht mit zehn Marmeladen gefüllt. Heute dürften es in einem vergleichbaren Supermarkt Dutzende, wenn nicht sogar Hunderte von Gelees und Konfitüren sein, die um die Gunst des Konsumenten buhlen. In der Regel wird noch immer auf die klassische Push-Kommunikation gesetzt. Nur, dass diese sich mittlerweile vervielfacht hat. Man versucht nicht mehr bloss, die Konsumenten über Print-, Radio- und TV-Werbung zu erreichen. Es werden Produkte und Dienstleistungen im Supermarkt zur Probe feilgeboten, Direktmarketing-Schreiben landen jeden Tag zuhauf in unseren Briefkästen, auf Bahnhöfen und öffentlichen Plätzen versuchen «Volunteers» (Freiwillige) Spenden für Organisationen zu erhalten und auf Websites prangen unzählige Buttons und Banner, die uns animieren sollen.

Medien arbeiten heutzutage mit «Nutzungsuhren». Einer klassischen Uhr mit 24 Stunden werden Medienkanäle zugeordnet. Das kann so aussehen: Eine Person steht vielleicht um sechs Uhr in der Früh auf. Zuerst wird üblicherweise der Radio gestartet. Man hört sich die neusten Nachrichten an. Während des Arbeitswegs bedient man sich der Gratis-Pendlerzeitung und des Smartphones, um mit der Welt verbunden zu bleiben. Auf dem Bahnhof angekommen, wird der Pendler von riesigen Screens und Plakatwerbung umhüllt. Tagsüber begleiten der Computer und damit auch das Internet zumindest Büro-Angestellte. In der Mittagspause kommt wieder das Smartphone zum Einsatz. Abends widmet man sich schliesslich der spannenden Serie im Fernsehen oder dem neusten Film im Kino. Und immer gibt es eine begleitende Werbeform.

Das menschliche Gehirn hat gelernt, mit der grossen Informationsmasse umzugehen. Wie bei einem Fotoapparat wird die Blende verkleinert, es wird selektiv nur noch jene Information zugelassen, die benötigt wird. Alles andere fällt dem Tunnelblick zum Opfer. Das ist eine grosse Herausforderung für die Anbieter von Produkten und Dienstleistungen. Während in den 1960er-Jahren die Menschen noch dankbar waren, über die Werbung Informationen zu Produkten zu erhalten, ist der heutige Mensch ein reifer Konsument. Er empfindet immer mehr Push-

Kommunikation als aufdringlich und zuweilen gar als ärgerlich. Werbung wird unterdrückt. Der Konsument will in jenem Moment eine Information, in dem er sie benötigt.

Zauberwort Inbound Marketing

Der Wandel geht deshalb immer mehr hin zum «Inbound Marketing»[32] [33] [34]. Das Zauberwort ist lediglich eine Neu-Interpretation des Begriffes «Pull Marketing». Warum Inbound Marketing speziell in Märkten, die als gesättigt gelten, helfen kann, soll anhand des folgenden Beispiels aufgezeigt werden.

Versuchen Sie sich zu erinnern, wie Sie in den 1980er- oder 1990er-Jahren eine Wohnung gesucht haben. Die Chance ist gross, dass sie die Inserate in der regionalen Tageszeitung durchforsteten. Wie gehen Sie die Wohnungssuche heute an? Auch hier liegt man wohl eher selten daneben, wenn man behauptet, dass Sie das für Sie naheliegendste Immobilienportal aufstarten, den gewünschten Standort, die Immobilienart und –grösse in den Filter eingeben und danach eine stattliche Auswahl an Objekten präsentiert bekommen (siehe auch Kapitel «Internet als Eingangstor»).

Was sagt dies aus? Sie suchen die Wohnung nicht mehr vornehmlich in Ihrer Tageszeitung! Diese dient im wesentlichen Kern heute dazu, Hintergrundinformationen zu aktuellen Vorkommnissen zu liefern. Wenn Sie eine Wohnung suchen, sind Sie als Konsument heute so reif, dass Sie wissen, wo Sie im Internet Ihre Traumwohnung suchen müssen.

Genau das ist der Hauptinhalt des künftigen Inbound Marketings. Sie suchen sich die gewünschte Information vornehmlich in elektronischen,

---

[32] http://de.wikipedia.org/wiki/Inbound-Marketing

[33] http://www.cmswire.com/cms/customer-experience/infographic-the-decline-of-outbound-marketing-013308.php

[34] http://www.sem-deutschland.de/inbound-marketing-content/was-inbound-marketing/

tagesaktuellen Medien. Das stellt auch Gemeinden und Regionen vor die Aufgabe, wie sie diese Herausforderung lösen wollen. Im Absatz «Abhängigkeiten unterschiedlicher Wettbewerbsstufen» wurde erwähnt, dass in der DACH-Region heute rund 16'000 Kommunen existieren. Bei einer Standortwahl nimmt man sich nicht alle Gemeinden vor, das ist selbstredend. Auch wer sich bspw. bereits dazu entschlossen hat, künftig im deutschen Freistaat Bayern leben zu wollen, muss sich zwischen rund 2'000 Gemeinden entscheiden. Auch diese Anzahl ist für die suchende Person zu viel. Selbst wer sich im vergleichsweise kleinen Schweizer Kanton Zürich niederlassen möchte, hat noch immer die Auswahl zwischen rund 170 politischen Gemeinden. Auch wenn eine «Short List» schliesslich bloss noch 10 oder 20 Gemeinden umfassen mag, die Auswahl ist noch immer derart gross, dass man kaum auf Push-Marketing anspricht. Das einfachste wäre, man gibt die persönlichen Vorlieben (z.B. «Gemeinde nahe Zürich», «steuergünstig», «Autobahnanschluss») in einer Suchmaschine wie «Google» ein und erhält eine adäquate Zahl an Vorschlägen [Die aufgeführten (expliziten) Stichworte und Ausdrücke ergaben übrigens (Zugriffsdatum: 3. Februar 2014) lediglich eine Handvoll Treffer. Dabei handelte es sich bezeichnenderweise um Einträge in Immobilienportalen]. Schliesslich braucht die suchende Person lediglich noch mit geschickt miteinander verknüpften Inhalten wie Bilder, Geschichten, Videoclips und weiteren Informationen versehen zu werden (siehe dazu auch Abschnitt «Zauberwort Content Marketing»). Die Chance, dass jene Person die Gemeinde zumindest einmal persönlich besichtigen wird, ist ausserordentlich gross. Ohne dass die Gemeinde einen zusätzlichen Geldbetrag in Push-Marketing-Massnahmen investieren musste.

Grundsätzlich lassen sich alle Kanäle und Quellen, die ein Rezipient als aktuell, vertrauenswürdig, unaufdringlich und vor allem als erwünscht taxiert, den Inbound Marketing-Kanälen zuordnen. Dazu gehören bspw. E-Mail-Newsletter-Aussände (Opt In), Publikationen in Zeitungen, Fachzeitschriften, Büchern, Referate, Word-of-Mouth-Marketing (Empfehlungsmarketing), Communities, Blogs, soziale Medien, Content-Erstellung und nicht zuletzt Websites zu den bevorzugten Kanälen. Nicht zu vergessen sind dabei die Suchmaschinenoptimierung (SEO) und das entsprechende Suchmaschinenmarketing (SEM).

Es darf nicht vergessen werden, dass der Aufbau und die Nutzung der erwähnten Kanäle und Instrumente keine Selbstläufer sind. Auch wenn Facebook oder Google Plus bei richtiger Nutzung kraftvolle Instrumente sind, der Aufbau und der Betrieb fordert eine Vorgehensweise, die sich von den bisherig bekannten markant unterscheidet. Das wiederum erfordert eine neue Denkweise und neue Kommunikationsprozesse in öffentlichen Verwaltungen und Standortmanagement-Organisationen. Speziell wird dabei die Frage beantwortet werden müssen, wer für die essentielle Content-Erstellung zuständig ist. Aber auch, wer die aufgebaute Community und Inhalte pflegt und die Interaktion mit den Nutzern unterhält.

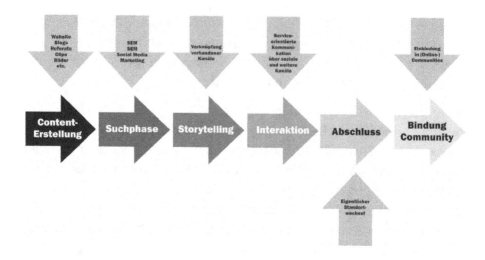

Abbildung 26: Content Marketing (eigene Darstellung, in Anlehnung an business2community.com)[35]

Zauberwort Content Marketing

Heute kann zwischen drei verschiedenen Arten von Standort-Internetseiten unterschieden werden. Die noch immer am meisten verbreitete Art der Darstellung von Standorten (Gemeinden/Regionen) im Internet ist die blosse «Abbildung» der Verwaltungsorganisation. Publiziert werden die Öffnungszeiten der Verwaltungsgebäude. Die Mitglieder der Gemeindeexekutive werden vielleicht mit Passfoto und Zuständigkeitsbereich aufgeführt. Oder die Dienstleistungen einer Gemeindeverwaltung werden tabellarisch aufgeführt und mit den jeweiligen Kosten ergänzt. Man könnte diese Art der Internetauftritte sozusagen als Standort-Websites 1.0 bezeichnen, denn sie beschränken sich weitgehend auf eine Einweg-Kommunikation und informieren die Nutzer über einen Sachverhalt.

---

[35] http://www.business2community.com/content-marketing/optimize-content-marketing-by-facilitating-the-buyer%E2%80%99s-journey-029013#!utu1k

Standort-Websites einer fortgeschrittenen Generation fassen Lebenslagen zu einer Einheit zusammen, ergänzen die entsprechenden Bereiche mit Aktivitäten, die online abgewickelt werden können. Als Beispiel dafür ist z.B. die Online-Beantragung von Personalausweisen oder Reisepässen zu nennen. Dazu gehört auch die Verlinkung zu allfällig vorhandenen externen Auftritten auf Facebook oder Twitter.

Standort-Websites der dritten Generation bestechen durch ihre Einfachheit in der Grafik und der Bedienung. Alle möglichen und gesetzlich zulässigen Prozesse sind – im Sinne eines E-Governments - ins Internet verlagert worden (siehe auch Absatz «Prozessverlagerung ins Internet»). Die sinnvollen zusätzlichen elektronischen und sozialen Kanäle sind nicht bloss verlinkt, sondern vollständig in den elektronischen Auftritt des Standortes integriert. Das erlaubt einerseits eine optimierte Zweiwegkommunikation mit Bürgerinnen und Bürgern sowie der ansässigen Wirtschaft. Andererseits wird der Aufbau einer Community oder Gemeinschaft gefördert, was wiederum der Identifikation mit einem Standort zuträglich ist.

Was heisst nun Content Marketing im Kontext mit einer Gemeinde-Website? Im Grunde genommen, gilt im öffentlichen Sektor dasselbe wie bei «privaten» Internetseiten. Die Inhalte sollen begeistern und binden. Dazu ein weiteres Beispiel, das auf den Hinweisen aufbaut, die zu Beginn dieses Abschnitts erwähnt wurden. Würde man ein kreatives Content Marketing betreiben, würden allenfalls Mitglieder der Gemeindeexekutive nicht bloss mit einem Passfoto und einem Begleittext aufgeführt sein. Sie hätten eine eigene (Facebook-)Seite, die in die Website integriert ist. Die Kommunikation mit der Wählerschaft wäre massiv erleichtert, gleichzeitig erhalten die Politiker einen Hinweis auf ihre Beliebtheit durch die Anzahl der «Freunde», die sie auf ihrer «Seite» ausweisen. Die der Seite hinzugefügten (professionellen) Fotos lassen die Menschen «anfassbar» machen. Es werden nicht bloss die Öffnungszeiten der Verwaltung publiziert, sondern häufig gestellte Fragen können bspw. in einem FAQ-Teil (Frequently Asked Questions) abgehandelt werden. Auskünfte erteilt die Verwaltung z.B. auch über Kanäle wie Twitter, die so oder so bereits häufig genutzt werden. Dazu müssen es nicht immer ausgeklügelte Webshops sein. Die Möglichkeiten der Online-Welt erlauben heute eine kostengünstige Website-Integration mit verschiedensten (sicheren) Zahlungsmöglichkeiten. Wieso nicht einen Termin auf dem Standesamt online vereinbaren?

Schliesslich geht es darum, die verschiedenen Kanäle für den genau definierten Einsatzbereich zu optimieren und geschickt miteinander zu verknüpfen. Grundsätzlich sei vermerkt, dass die Fantasie – im Rahmen der gesetzlichen Möglichkeiten – noch längst nicht ausgeschöpft ist.

«Öffentliche» Websites. Heute und morgen.

Die drei Aufgaben einer Website

Eine Website hat heute grundsätzlich drei mögliche Aufgabenbereiche. Allen bekannt ist die Nutzung als Marketingkanal. Dem Internetnutzer soll ein bestmögliches Bild der eigenen Organisation oder Unternehmung geliefert werden. Dank der heute üblichen grossen Bandbreite drängt sich immer mehr der Einsatz als effizienter und kostengünstiger Kommunikationskanal auf. Und drittens... Arbeits- und Dienstleistungsprozesse aus der physischen Welt sollen zusehends in die digitale Welt, sprich: auf Websites transferiert werden.

Dabei kann man wiederum zwischen drei Teilbereichen unterscheiden: Die Kollaboration (wie nutzen Mitarbeitende die Plattform zur optimalen elektronischen Zusammenarbeit und Kommunikation), den elektronischen Handel [E-Commerce] (wie nutzt die Unternehmung/Organisation die Plattform, um ihre Dienstleistungen und/oder Produkte über den elektronischen Kanal zu vertreiben) und die elektronische Geschäftsprozessverlagerung [E-Business] (wie nutzt die Organisation die Plattform, um die möglichen und von den Regulatoren erlaubten Geschäftsprozesse in elektronische Kanäle zu verlagern).

Abbildung 27: Aufgaben einer modernen Website (eigene Darstellung in Anlehnung an e-demokratie.org)[36]

Die Nutzung klassischer Unternehmenswebsites als E-Business-Plattformen ist schon sehr fortgeschritten. Dass öffentliche Verwaltungen die Möglichkeiten des Internets nicht auch schon intensiv nutzen, wäre falsch ausgedrückt. Als Prozessplattform erhält die «Website» im öffentlich-rechtlichen Bereich sogar einen eigenen Begriff: E-Government. Dass sich allerdings die elektronische Verwaltungsführung noch nicht flächendeckend durchgesetzt hat, hängt einerseits an den gesetzlichen Regulatoren und andererseits an der systemischen Komplexität. Und für einmal nicht an der technischen Machbarkeit, denn technisch wäre bereits vieles möglich.

Viele (Gemeinde-)Websites erinnern inhaltlich noch immer an Websites der Web 1.0-Generation. Bis zum Platzen der Dotcom-Blase kurz nach der Jahrtausendwende dienten Auftritte im «Web 1.0» vorrangig der werblichen Präsenz. Sie bildeten eine Organisation und deren Produkte sprichwörtlich ab. Zahllose Websites informieren noch heute, wie ihre Verwaltung organisatorisch aufgebaut ist, welche Personen in der Exekutive vertreten sind, welche Öffnungszeiten die Verwaltungseinheiten haben oder beispielsweise wie Museen geöffnet sind und welche Beschlüsse die Gemeindeexekutive gefasst hat. Um die Jahre 2003/2004

---

[36] http://www.e-demokratie.org/was-ist-e-demokratie/

wurde das «Web 2.0»[37] ausgerufen. Die Veränderungen gegenüber dem «Web 1.0» beinhalteten in erster Linie den Einbezug von kollaborativen und kommunikativen Elementen, wie in der obigen Grafik abgebildet. Die Technologie lässt sich nicht aufhalten... bereits wird intensiv am «Web 3.0», dem semantischen Web gearbeitet. Viele Bereiche des künftigen Internets sind bereits umgesetzt, so sollen die Systeme von morgen die menschliche Sprache in die maschinelle Sprache übersetzen bzw. diese verstehen. Das Internet mutiert zum «Web of Things», wo sich unsere Kleider mit dem Internet zu verbinden mögen, wo sich Kühlschränke in die Online Shops der bevorzugten Detailhändler einloggen werden oder wo das Smartphone auch zur Steuerkonsole des heimischen Heizsystems mutiert.

Das Internet von übermorgen, das «Web 4.0», schliesslich wird bereits heute als das symbiotische Web bezeichnet. Sobald die Datennetze dereinst organisiert sein werden (siehe «Web 3.0») sollen Mensch und Maschine symbiotisch miteinander kommunizieren und interagieren.

Doch das ist noch Utopie. Noch werden im Umfeld der öffentlichen Verwaltungen und Standortmanagement-Organisationen einige Jahre vergehen, bis der Übergang vom Web 1.0 zum Web 2.0 abgeschlossen sein wird. Das birgt ein grosses Innovations- und Positionierungspotential für Gemeinden und Regionen. Mögliche Prozesse, die elektronisch abgewickelt werden, sind vielfach vorhanden. Seit Sommer 2013 ist es bspw. in Dänemark möglich, mit wenigen Mausklicks eine Heirat aufzulösen und sich einvernehmlich scheiden zu lassen. Ob dies gesellschaftlich und soziologisch gut und sinnvoll ist, sei dahingestellt. Rein technisch ist vieles möglich. Komplexe Verschlüsselungs-Algorithmen ermöglichen auch immer mehr Lösungen, die gesetzlich (Datenschutz etc.) vertretbar sind.

---

[37] http://de.wikipedia.org/wiki/Web_2.0

Prozessverlagerung ins Internet

Es muss nicht gleich ein Online-Voting für nationale Parlamentswahlen sein, wenn man von Prozessverlagerung ins Internet spricht. E-Government[38] per Definition spricht von der Vereinfachung von Information, Transaktion und Kommunikation zwischen öffentlich-rechtlichen Organisationen und zwischen Verwaltungen und Bürgern und schliesst die beiden Bereich E-Administration (Verwaltungs- und Regierungsaufgaben) und E-Democracy (elektronische Meinungsbildung und –beteiligung und elektronische Abstimmungen und Wahlen) mit ein.

Regierung (Government), Administration und Demokratie, das klingt alles sehr amtlich. Im weitesten Sinne zählt jedoch auch ein noch weitgehend unerschlossenes Feld zum Bereich der öffentlichen Prozesse, die nicht bloss auf einen (virtuellen oder realen) Gang in die Verwaltung fokussiert. Das alltägliche Leben, das sich sehr oft in irgendeiner Weise mit einer Aktion oder Reaktion einer öffentlich-rechtlichen Organisation kreuzt. Als Beispiel für eine bemerkenswerte Initiative im öffentlich-rechtlichen Raum ist der deutsche Inkubator «Stadt Land Code» zu nennen. Darin wird die «Entwicklung digitaler Werkzeuge gefördert, die das individuelle als auch das gesellschaftliche Leben positiv beeinflussen. Mit Hilfe von Codes und Algorithmen sollen die Formen kollektiven Handelns erforscht und Regeln des Zusammenlebens in Politik und Alltag weiterentwickelt werden»[39].

Drei Beispiele aus dem Fundus an Lösungen für das öffentliche Leben sind nachfolgend aufgeführt:

---

[38] http://de.wikipedia.org/wiki/E-Government
[39] http://stadtlandcode.de/

See Click Fix / Fix My Street[40]

Die britische Plattform «See Click Fix» als auch die US-Plattform «See-ClickFix» haben beide dasselbe Ziel. Bürger sollen auf Missstände im öffentlichen Leben hinweisen. Das kann ein Graffiti an einer Hausmauer sein, eine eingeschlagene Scheibe bei einer Bushaltestelle, eine Strassenlaterne, die nicht mehr funktioniert oder Schlaglöcher in einer Quartierstrasse. Die amerikanische Plattform «SeeClickFix» lässt sich gar über einen freien HTML-Code in eine beliebige Website einbetten. Egal ob diese in den USA, Deutschland, Österreich oder der Schweiz liegt. Als Kartenbasis dient Google Maps.

---

[40] http://www.fixmystreet.com

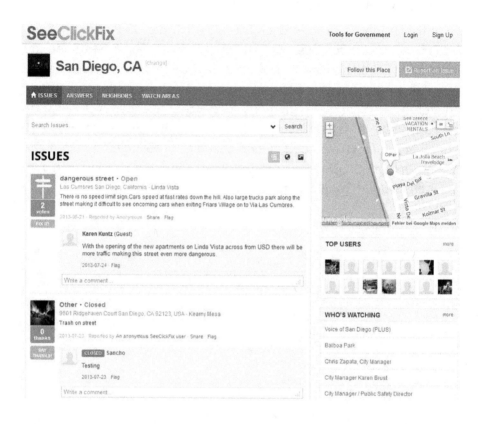

Abbildung 28: Website SeeClickFix[41]

---

[41] http://www.seeclickfix.com/

Über Verknüpfungen lassen sich Einträge einfach in sozialen Medien teilen. Öffentliche Verwaltungen können diese Art von Plattformen als Bedrohung wahrnehmen, die vereinfacht «Shitstorms» auslösen. Als «Shitstorms»[42] werden (gezielte) Vorgehen bezeichnet, bei welchen zahlreiche User öffentlich Kritik an einem Konzern, Produkt oder auch einer Einzelperson ausüben. Dabei muss die Kritik nicht zwingend sachlich oder objektiv sein.

Einfacher wäre es für eine Verwaltung, sich eine solche Plattform zu Nutze zu machen und Bürger einzubinden, Missstände von sich aus zu melden. Bedingung wäre danach natürlich eine rasche, unkomplizierte Behebung der Mängel und eine entsprechende Kommunikation über die Plattform.

---

[42] http://glossar.xeit.ch/shitstorm)

Pfandgeben.de

Als weiteres gelungenes Beispiel zur Vereinfachung des öffentlichen Lebens dient die deutsche Plattform «pfandgeben.de». Während in der Schweiz das Flaschenpfand vor längerer Zeit abgeschafft wurde, existiert dieses in Deutschland nach wie vor. Mit allen Vorteilen, welche das Pfandsystem mit sich bringt, es beinhaltet auch einen grossen Nachteil. Flaschen sind sperrig und wenn sie aus Glas sind, kommt mit wenigen Flaschen auch ein gehöriges Gewicht zusammen. Für viele Menschen mag ein Pfand von einigen Euros im Alltag nicht ins Gewicht fallen und gerne verzichten sie darauf. Für andere können die wenigen Euro ein willkommener Zusatzverdienst sein.

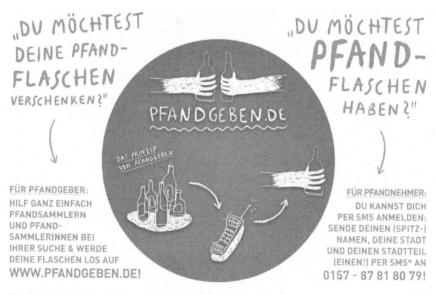

„DU MÖCHTEST DEINE PFAND-FLASCHEN VERSCHENKEN?"

PFANDGEBEN.DE

DAS PRINZIP VON PFANDGEBEN

„DU MÖCHTEST PFAND-FLASCHEN HABEN?"

FÜR PFANDGEBER:
HILF GANZ EINFACH PFANDSAMMLERN UND PFAND-SAMMLERINNEN BEI IHRER SUCHE & WERDE DEINE FLASCHEN LOS AUF WWW.PFANDGEBEN.DE!

FÜR PFANDNEHMER:
DU KANNST DICH PER SMS ANMELDEN: SENDE DEINEN (SPITZ-) NAMEN, DEINE STADT UND DEINEN STADTTEIL (EINEN!) PER SMS* AN 0157 - 87 81 80 79!

*Reguläre SMS-Kosten. Ein bis zwei Tage nach der Anmeldung erscheinen Spitzname, Stadt, Stadtteil und Telefonnummer auf www.pfandgeben.de. Dieser Sticker wurde nicht von Pfandgeben.de selbst gedruckt bzw. in Auftrag gegeben, sondern von UnterstützerInnen. Vielen Dank dafür!

Abbildung 29: Website pfandgeben.de[43]

---

43 http://www.pfandgeben.de

Die Plattform «pfandgeben.de» verbindet nun über eine Suchfunktion Personen, die Flaschen abzugeben haben mit solchen, die gewillt sind, die Flaschen abzuholen und zu einer Sammelstelle zurückzubringen. Es entsteht eine Win-Win-Situation.

wheelmap.org

Als drittes Beispiel wird hier die Plattform «wheelmap.org»[44] des Freiwilligen-Netzwerks «SOZIALHELDEN»[45] aufgeführt. Der gemeinnützige Verein ist mit zahlreichen Projekten bekannt geworden, die über kreative Ideen auf soziale Probleme aufmerksam gemacht und sie im besten Fall sogar beseitigt haben.

Die «Wheelmap» nun ist eigentlich nichts anderes als eine offene Landkarte, auf der Menschen Lokationen nach ihrer Rollstuhlgängigkeit bewerten können.

Alle drei genannten Beispiele haben im engeren Sinne nichts mit E-Government zu tun. Und trotzdem können sie sehr wohl etwas mit einer Standortattraktivität zu tun haben. Indem Standorte eine der genannten Plattformen bewerben und sich gleichzeitig dem Thema annehmen und aktiv mitwirken, können sich diese innerhalb eines bestimmten Themenbereiches hervorragend profilieren. Gepaart mit der entsprechenden Kommunikation ergibt sich ein nicht zu unterschätzender Imagefaktor, der genutzt werden kann. Nicht zu vergessen, besonders im Fall einer Plattform wie «SeeClickFix» können sich teilweise erhebliche Zeiteinsparungen ergeben.

---

[44] http://wheelmap.org
[45] http://sozialhelden.de

Crowdfunding

Ein weiteres Beispiel der innovativen Nutzung von modernen Internet-Tools ist die Finanzierung von anfallenden Kosten über eine Crowdfunding-Plattform. So zählte im Frühling 2013 die Stadt Winterthur zu einer Leaderin, als die Initianten der im Jahre 2014 stattfindenden 750-Jahre-Feier begannen, Elemente des Festes über die Crowdfunding-Plattform «100-days.net»[46] zu finanzieren. So konnte beispielsweise dafür gespendet werden, im Winterthurer Eulachpark 60 japanische Kirschbäume zu pflanzen, um im Frühling des Jubiläumsjahres ein japanisches Kirschblütenfest abzuhalten. Die «Goodies», welche die Spender jeweils erhalten, sind ausnehmend kreativ. Im Falle der japanischen Kirschblütenfeier begann der Spendenreigen bei CHF 20.–. Damit finanziert der Spender Samen für japanische Kirschbäume. Ein Topspender, der CHF 1'000.– investiert, wird zum Paten eines Kirschbaumes, zum VIP-Apéro eingeladen und sein Name wird auf einer Sponsoren-Stele im entsprechenden Park aufgeführt.

Ein Stadtfest über alternative Wege finanzieren zu lassen, wird der einen oder anderen Person sehr progressiv erscheinen. In einer Umgebung, die jedoch immer kompetitiver wird und finanzielle Ressourcen im Gegensatz dazu immer knapper werden, sind neue Wege gefragt. Crowdfunding ist zweifelsohne nicht bloss dazu geeignet, künstlerische Projekte und Startups zu finanzieren. Die Schwarmfinanzierung wird sich auf die eine oder andere Weise auch im Standortmanagement durchsetzen. Wenn auch dies zuerst einen Paradigmenwechsel vom allumfassend finanzierenden Staat zur vermehrten Partizipation von Bürgerinnen, Bürgern, Organisationen und Unternehmen, die Leistungen in Anspruch nehmen, die nicht direkt dem Allgemeinwohl zu Gute kommen.

Wo solch neue Möglichkeiten der (Mit-)Finanzierung eingesetzt werden können, das verlangt viel Kreativität und visionären Geist. Stadtfeste zu

---

[46] http://100-days.net

finanzieren ist das Eine. Grundsätzlich wäre es auch denkbar, Wald-
wege von Wanderern und Mountainbikern mitzufinanzieren, welche den
erholsamen Waldaufenthalt auch wirklich nutzen. Oder wieso soll ein
Downhill-Track für Mountainbiker nicht in einer Kooperation mit einer
Gemeinde finanziert und erstellt werden? Wieso soll eine Quartiervere-
nigung nicht über Crowdfunding eine von ihr zusätzlich gewünschte
Strassenbeleuchtung mitfinanzieren? Die Ideen für den Einsatz von
Crowdfunding sind vielfältig.

Zusammenarbeit als Schlüsselelement in der E-conomy

Kollaboration ist ein wichtiges Element, um die volle Kraft des Internets
als Standortmanagement-Instrument zu nutzen. Wie bereits im ersten
Teil beschrieben, ist die Wahrnehmung der kollektiven Verantwortung
«State of the Art» im modernen Standortmanagement. Dabei geht es
auch darum, zu erkennen, in welchen Bereichen Behörden, Verwaltungen und private Organisationen und Unternehmen zusammenspannen
können. Ein klassisches Beispiel aus dem Standortmarketing ist immer
wieder das Management von verfügbaren Immobilien und Parzellen.
Ohne disponible industrielle, gewerbliche aber auch private Wohnbau-
grundstücke ist die Basis für ein qualitatives Wachstum nicht gegeben.
Letztlich sitzen Immobilieninhaber, Landeigentümer wie auch die öffentliche Hand im selben Boot. Wieso also nicht die Kräfte bündeln und
in der Immobilien-/Parzellenpräsentation und –vermarktung gemeinsame Wege schreiten. Kosten können eingespart und Vermarktungspo-
tential erhöht werden.

Hier könnte eine gemeinsam genutzte Datenbank der Schlüssel zur erfolgreichen Zusammenarbeit sein. Die Verwaltung könnte ihre Aufgabe
darin sehen, die Datenbank anzudenken und als Moderatorin im Prozess zu wirken. Die gemeinsame Datenbank erlaubt eine ständige, aktualisierte Gesamtübersicht über alle verfügbaren Grundstücke und Im-

mobilien. Gleichzeitig kann die Datenbank über eine grafische Darstellung mit wenig Aufwand angepasst und in ein optisches Erscheinungsbild einer beliebigen Website angepasst werden.

Seit einiger Zeit ist mit «aclado» eine Plattform auf dem Markt verfügbar, die sich ausschliesslich der Vermarktung von gewerblichen und industriellen Objekte verschrieben hat. Die Nutzung einer solchen Plattform ist für Standorte verhältnismässig günstig. Der Zugang zu einer dedizierten Zielgruppe ist dafür sehr weit geöffnet.

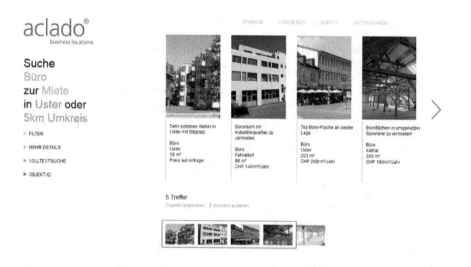

Abbildung 30: Website aclado.ch[47]

Das Beispiel von «aclado» soll aufzeigen, dass speziell im Standortmanagement nicht nur trendige (Internet-)Tools gefragt sind. Vor allem mit innovativen B2B-Plattformen (Business to Business), wie spezialisierten Immobilien-Websites (verfügbare Immobilien und Parzellen gehören zu

---

[47] http://www.aclado.ch

den harten Faktoren im Standortmanagement), können im zeitgemässen Standortmarketing Lösungen implementiert werden, mit denen sich
ein Standort positionieren und profilieren kann.

Oft muss nicht weit gesucht werden, um einfallsreiche Neuerungen zu
finden. Speziell die zahlreichen sozialen Medienplattformen, die in den
vergangenen zehn Jahren die Medienwelt richtiggehend revolutioniert
haben, kommen immer mehr auch im Standortmanagement an. Die
Fülle an Plattformen ist schier unüberschaubar und bedarf im Zusammenhang mit einem Einsatz in einer Verwaltung einer speziellen Betrachtung. Welche Tools kommen für Standorte überhaupt in Frage?
Wie sollen diese in das bestehende Kommunikationsangebot einge-
flochten werden? Sind diese sicher? Muss ich meine Prozesse anpas-
sen? Zu Fragen dieser oder ähnlicher Art werden im folgenden Abschnitt
Antworten geliefert.

Social Media für Gemeinden und Regionen

Um die Fülle an sozialen Medienplattformen im weiteren Sinn zu überblicken, lohnt sich jeweils ein Blick auf das Tool von «Add This»[48]. Die Unternehmung bezeichnet sich selbst als weltgrösste Plattform für soziales Datenmanagement und soziales Teilen.

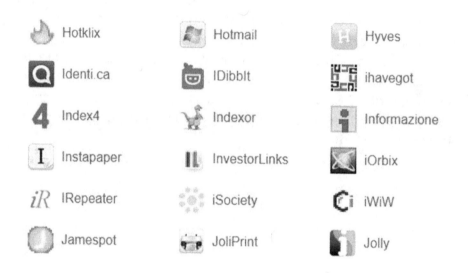

Hotklix · Hotmail · Hyves
Identi.ca · IDibblt · ihavegot
Index4 · Indexor · Informazione
Instapaper · InvestorLinks · iOrbix
IRepeater · iSociety · iWiW
Jamespot · JoliPrint · Jolly

Abbildung 31: Website addthis.com

Zur Zeit des Verfassens dieses Buches (Stand Februar 2014) existieren auf der Plattform von «Add This» gegen 300 Seiten, die man im weitesten Sinn als soziale Plattformen bezeichnen kann. Eine eingehendere Betrachtung zeigt, dass die meisten der Kanäle für die allgemeine Verwendung im deutschsprachigen Europa und im Speziellen für den Einsatz in Standortmanagement-Organisationen nicht geeignet sind. Ein

---

[48] http://www.addthis.com

Blick auf den obigen «Printscreen» identifiziert bspw. «Hyves»[49] als rein niederländisches soziales Medium. Bei «Indexor»[50] handelt es sich um eine britische Plattform, die eine Personalisierung der eigenen Browser-Startseite erlaubt oder «iWiW»[51] stellt sich als ungarische Community-Seite dar.

Der Schritt vom gesamten Angebot zu einer ersten «Longlist» umfasst zum einen sinnvollerweise das Studium der Nutzerzahlen im definierten geografischen Zielgebiet, um ein grösstmögliches Potential an Nutzern zu erreichen. Zum anderen empfiehlt sich eine Auswahl an Medien, die verschiedene Medienarten und Nutzungszwecke abdecken (Text, stilles Bild, bewegtes Bild und Ton). Der Blick auf die folgende Tabelle zeigt auch, dass Medienkanäle von der einen Organisation zu den sozialen Medien gezählt werden, von der anderen jedoch nicht. Die Definition, ob nun bspw. youtube (800 Mio. monatliche Nutzer weltweit) zu den sozialen Medien gezählt wird, ist nach Ansicht der Autoren müssig, zumal die Verknüpfungen der weltweit grössten Videoplattform mit anderen führenden Kanälen wie Facebook oder Google + ausserordentlich engmaschig ist.

---

[49] http://hyves.nl
[50] http://www.indexor.co.uk
[51] http://iwiw.hu

Meistgenutzte soziale Medien

	Weltweit	Deutschland	Schweiz
1.	Facebook	Facebook	Facebook
2.	Twitter	Stayfriends	Youtube
3.	Google +	Wer-kennt-wen	Twitter
4.	Weibo	StudiVZ	Google +
5.	RenRen	XING	LinkedIn
6.	LinkedIn	Mein VZ	Wordpress
7.	Badoo	Google +	Flickr / XING
8.	Instagram	Twitter	Tumblr
9.	Yelp	Schüler VZ	Stayfriends
10.	Tumblr	Lokalisten	Netlog
11.	Flickr	Myspace	Myspace
12.	Orkut	Jappy	Vimeo
13.	Myspace		Blogger
14.	Pinterest		Soundcloud
15.	Foursquare		Pinterest
16.	Soundcloud		Students.ch
17.	XING		Klout

Abbildung 32: Meistgenutzte soziale Medien[52] [53] [54]

---

[52] http://buez-web-services-gmbh.ch/nutzerzahlen-soziale-netzwerke-marktanteile-weltweit/
[53] http://www.bitkom.org/files/documents/SozialeNetzwerke.pdf
[54] http://alike.ch/soziale-netzwerke-in-der-schweiz-die-liste/

Nehmen wir als Beispiel zur Auswahl geeigneter Medienkanäle eine mittelgrosse Schweizer Gemeinde von 30'000 Einwohnern die in der weiteren Agglomeration (im Grüngürtel) einer grösseren Stadt liegt und sich ausschliesslich auf ein Wohnstandortmarketing in der deutschsprachigen Schweiz konzentrieren will. Hierbei fallen mit hoher Wahrscheinlichkeit alle Plattformen weg, die ausschliesslich auf «Business» fokussiert sind (bspw. XING oder LinkedIn). Des Weiteren fallen Plattformen weg, die lediglich auf eine geschlossene geografische Zielgruppe abzielen (bspw. chinesische oder deutsche Studentenplattformen). Zusätzlich wird wohl die Konzentration bei vergleichbaren Kanälen wie z.B. Facebook und Google + (oder youtube und Vimeo) auf EINE Plattform fallen. Wenn sich die Gemeinde schliesslich darauf festgelegt, sich auf Inhalte mit Text und (stillen) Bildern zu konzentrieren, dann ist die «Shortlist» schon beinahe festgelegt. Diese könnte sich vielleicht auf die Medien von Facebook, Twitter, eine Bloggingplattform wie Wordpress oder Tumblr und eine Bildplattform wie Flickr oder Pinterest festlegen.

Die Auswahl, der grafische und inhaltliche Aufbau von sozialen Medienkanälen wird empfehlenswerterweise durch (externe) Fachleute moderiert und/oder ausgeführt. Die meisten Mitarbeitenden haben mit einem oder mehreren sozialen Kanälen Erfahrungen gesammelt. Nicht selten werden deshalb der Aufbau und die Pflege bspw. einer Facebook-Seite einer angestellten Person überlassen. Die Ausnahme bestätigt die Regel, aber sehr oft wird der entsprechende Kanal nicht jene Professionalität ausstrahlen, die nötig ist. Immerhin sprechen wir hier von professioneller Kommunikation. Eine solche soll innerhalb eines adäquaten Kreativ-, Innovations- und Veränderungsprozesses aufgebaut, implementiert und betrieben werden.

Wie ein solcher Innovationsprozess im öffentlich-rechtlichen Umfeld aussehen kann, zeigt das folgende Kapitel.

Ansatz für einen Entwicklungsprozess

Markus Müller

Das letzte Kapitel widmet sich einem möglichen Entwicklungsprozess für einen Standort. Der skizzierte Ablauf steht für einen aktiv lancierten Innovationsprozess im öffentlich-rechtlichen Umfeld und verläuft in sechs Phasen. Die Phasen sind chronologisch und konsistent aufeinander aufgebaut und sind auf eventuelle Begebenheiten im öffentlich-rechtlichen Umfeld angepasst. Alle sechs Phasen sind mit Mindmaps ergänzt. Diese dienen zur Illustration des jeweiligen Prozessabschnitts. Sie erheben keineswegs Anspruch auf Vollständigkeit, zumal ein jeder Entwicklungsprozess anders verläuft und auf individuelle Bedürfnisse ausgerichtet werden muss.

Erster Teil – Die Kreativitätsphase

In einer Vorphase soll geklärt werden, wo der grösste Innovationsbedarf beim jeweiligen Standort vorliegt. Die Wahrscheinlichkeit, dass es sich bei den gewünschten Neuerungen um technische oder um Dienstleistungsinnovationen handeln wird, ist gross. Neue Geschäftsmodelle zu erarbeiten, ist zwar bei Verwaltungen im öffentlich-rechtlichen Bereich durchaus denkbar, aufgrund der systemischen und rechtlichen Komplexität jedoch eher unwahrscheinlich. Design-Innovationen sind ebenso denkbar. Sie würden allerdings nicht echten Innovationen gleichkommen. Man denke in diesem Zusammenhang an die baskische Stadt Bilbao. Viele werden dabei an den Namen «Guggenheim» in Verbindung mit dem architektonisch einmaligen Museum denken. Ein architektonisches Kunstwerk der beschriebenen Klasse kann durchaus der Kategorie der Design-Innovationen zugeschrieben werden. Und solche vermögen einem Standort eine massive Aufwertung zu verleihen. Die Kosten dafür sind allerdings auch einzigartig hoch und dürften in den wenigsten Fällen aufgebracht werden können. Soziale Innovationen letztlich sind im Bereich der «Public Innovation» (zumindest auf Stufe Kommune/Region) eher eine Randerscheinung.

Der Fokus liegt in der Standortentwicklung demnach in der Innovation von – im weitesten Sinn - Dienstleistungen, von Infrastruktur oder in der Frage, welche Produkte und Services in eine moderne Form gebracht werden können (E-Government, Online-Services etc.).

Am Ende des ersten Teils des Innovationsprozesses soll eine möglichst hohe Anzahl an Ideen vorliegen. Der umschriebene Verlauf entspricht einem mehr oder minder klassischen Kreativitätsprozess, der in der Regel von einem Innovationscoach begleitet wird. Der Einsatz von Open Innovation-Plattformen ist im Standortbereich noch stark unterschätzt. Überall dort, wo Menschen in eine Sache persönlich involviert sind, gibt es rasch Hunderte, wenn nicht Tausende von Verbesserungsvorschlägen. Gerade im öffentlich-rechtlichen Bereich bzw. in der Standortentwicklung ist bei einer Ideengenerierung über eine Open Innovation-Plattform eine sehr hohe Anzahl von Ideen zu erwarten, da im Grunde genommen alle Personen und Organisationen in irgendeiner Form Stakeholder von Standorten sind. Bspw. als Steuerzahler, Bewohner, als ansässiger Wirtschaftsbetrieb, Sportverein oder als Tourismusinstitution etc.

Es ist zu bedenken, dass die auf diese Weise beschafften Ideen noch längst keine Innovationen darstellen. Von Innovationen spricht man im landläufigen Sinne erst dann, wenn die Ideen implementiert sind und entsprechend verknüpfte Prozesse installiert sind und problemlos ablaufen. Die Kreativitätsphase ist zwar ein sehr lebendiger, manchmal sogar humorvoller Abschnitt des Innovationsprozesses, da quer gedachte Vorschläge explizit erwünscht sind. Die eigentliche Knochenarbeit beginnt jedoch erst bei der folgenden, der Phase der eigentlichen Produkt- und/oder Dienstleistungsentwicklung. Knochenarbeit deshalb, da im Gegensatz zu privatwirtschaftlichen Betrieben, wo Innovationen überlebensnotwendig sind, wesentlich mehr Stakeholder involviert sind. Je demokratischer und föderalistischer ein Standort organisiert ist, desto langwieriger wird die Implementierung von neuen Produkten und Dienstleistungen.

Roadmap
Verantwortlichkeiten
Ideensteckbrief
Brainstorming
Welche Ideen
werden umgesetzt
Möglichst
viele Ideen
auf breiter Ebene
Closed
Innovation?
Fünfte Phase.
Open
Innovation?
Ideenspeicher
anlegen
Priorisierung
Offene
Fragestellung
Kerngruppe
definieren
Clustering
Erste Phase
Vierte Phase
Kreativitätsprozess
Dritte Phase
Auch unmögliche
Lösungen & Ideen zulassen!
Zweite Phase
Bestimmte
Kreativitätstechniken
anwenden
Ideen über weitere
Techniken vermehren
Konkretere
Fragestellung

Abbildung 33: Kreativitätsprozess

Zweiter Teil – Die Phase der Produkt-/Service-Entwicklung

Einer der ersten Schritte in dieser, zweiten Prozessphase ist die Beantwortung der Frage, für wen die Dienstleistung, das Produkt oder der Prozess innoviert werden soll. Ist die Zielgruppe die Verwaltung selbst? Sind es Bürgerinnen und Bürger (ansässige oder potentielle Zuzüger)? Unternehmen (ansässige oder potentielle anzusiedelnde)? Gäste? Touristen? Je nach Zielgruppe wird die Veränderungskommunikation anders aussehen.

Frühe Einbindung der «richtigen» Zielgruppe

Exponenten entsprechender Haupt- und Nebenzielgruppen sind früh in den Entwicklungsprozess einzubinden. Eine frühzeitige Einbindung kann dabei helfen, eine neue Dienstleistung oder ein neues Produkt früh in den Köpfen der Zielgruppe positiv zu verankern und damit die Unterstützung zu verstärken. Es sei in diesem Zusammenhang an die Akzeptanzmatrix (vgl. Mohr et al., 1998) erinnert, dass üblicherweise zu Beginn eines Veränderungsprozesses nur ein kleiner Teil der Gesamtbevölkerung unvoreingenommen hinter einem Projekt steht. Eine frühzeitige Einbindung von Unterstützern führt in der Regel auch dazu, «Skeptiker» und «Bremser» früher von der Notwendigkeit eines Veränderungsprozesses mit neuen Produkten und Dienstleistungen überzeugen zu können. Speziell in grösseren Projekten, wo gar eine Urnen-Abstimmung anstehen könnte, ist das Einbinden spezifischer Zielgruppen stark zu empfehlen.

Make or Buy?

Es stellt sich die Frage, ob jeder Prozess, jede Dienstleistung selbst konzipiert und/oder hergestellt bzw. betrieben werden muss. Lösungen und

Antworten zu dieser Frage bergen an sich bereits ein grosses Innovationspotential. Viele mittlere und kleine «Cities» sind heute mit der Herausforderung einer immer stärkeren Abnahme der Besucherfrequenz im innerstädtischen Detailhandel konfrontiert. Obwohl der Kampf der (kleineren) Innenstädte als Detailhandelsstandort gegen die Shopping Center-Riesen vielerorts verloren ging, beschäftigen sich noch immer zahlreiche Detailhändler und City-Organisationen mit der Frage fehlender Parkplätze oder gemeinsamer Öffnungszeiten etc. Viel besser wäre es, den «direkten Kampf» gegen die Shopping Center als verloren zu erklären und sich auf einen neuen «Wettkampfplatz» zu begeben. Ein Beispiel einer innovativen Lösung für eine kleine City- oder Detailhandelsvereinigung wäre es, Einkäufe über Fahrradkuriere oder Rikscha-ähnliche Gefährte den Kunden direkt zum Auto oder gar nach Hause zu bringen. Das Einkaufserlebnis wird so massiv gesteigert und nimmt dem Kunden sämtliches Schleppen ab. Konzepte dieser Art sind bereits in Schweizer Städten wie Aarau, Burgdorf und weiteren bekannt.

Bei einem solchen Konzept bietet sich eine Public-Private-Partnership an. Es kann nicht im Aufgabenbereich einer Gemeindeverwaltung oder einer Standortmarketing-Organisation liegen, einen Velokurier aufzubauen und zu betreiben. Aber eine Partnerschaft zwischen einer Detailhandelsvereinigung und einer Regionalen Arbeitsvermittlung (CH) oder einer öffentlichen Arbeitsvermittlung in Deutschland, welche aktuell unbeschäftigten Menschen eine Übergangsbeschäftigung als Fahrradkurier bieten, ist eine Lösung, die bloss Gewinner mit sich bringt. Die Detailhändler erhalten eine verhältnismässig günstige Kurierlösung und die öffentliche Hand eine bewegungsreiche und gesunde Teilzeitbetätigung für die temporär zu betreuenden arbeitsuchenden Menschen.

Je nachdem, wie das Geschäftsmodell aufgebaut ist, eignet sich dieses Konzept sogar für eine kleine Startup-Firma. Dies im Sinne der regionalen Jungunternehmerförderung, was dem Image einer wirtschaftsfreundlichen Region oder Gemeinde so oder so zuträglich ist. Um ein adaptiertes Geschäfts- und Einkommensmodell zu erarbeiten, eignet sich bspw. das Buch «Geschäftsmodelle entwickeln - 55 innovative Konzepte mit dem St. Galler Business Model Navigator» (vgl. Gassmann et al., 2013). Zur Visualisierung und Authentifizierung eines allfälligen Geschäftsmodells bietet sich schliesslich die «Business Modell Canvas» (vgl. Osterwalder et al., 2011), die in freier Lizenz erhältlich ist. [55]

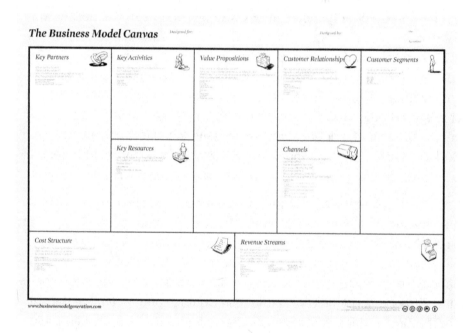

Abbildung 34: Business Model Canvas (vgl. Osterwalder et al., 2011)

---

[55] http://creativecommons.org/

In diesem Zusammenhang soll auch noch der Begriff «strategische Partnerschaft» genannt sein. Wieso ein solches oder ähnliches Konzept nicht in einem Städteverbund realisieren? Synergien könnten genutzt und viele Dienstleistungen günstiger angeboten werden. So bspw. ein allfälliges Bezahlmodell für den Handel und die Endkunden. Speziell hier funktioniert eine (strategische) Partnerschaft sehr gut, da von einer direkten Konkurrenz nicht gesprochen werden kann.

Betriebskonzept

Erhält das Produkt/
der Service einen
Wert? Einen Preis?

Wie können wir den Betrieb sicherstellen?

Haben wir Budget?

Evtl. ist eine Public
Private Partnership (PPP) möglich?

Make or Buy
klären

Andere strategische Partner?

Wenn ja zu strategischen Partnern, welche
sind die richtigen Partner?

Phase der
Produkt- und Service-
Entwicklung

Timetable aufstellen

Gibt es gesetzliche/verwaltungs-
rechtliche Aspekte zu berücksichtigen?

Komplexe Projekte brauchen viel Zeit!

Braucht es öffentliche Bewilligungsprozesse?

Evtl. sogar Abstimmungen,
die im Zeitplan zu
rücksichtigen sind?

Vermarktung

Braucht es eine konkrete
Produktevermarktung?

Braucht es allenfalls eine
spezielle Distribution?

Woher stammt hierfür das Budget?

Abbildung 35: Phase der Produkt- und Service-Entwicklung

Dritter Teil – Definition der Change-Architektur

Ob dies in einer marktwirtschaftlichen Unternehmung geschieht oder in einem öffentlich-rechtlichen Umfeld, jede Einführung eines neuen Produktes oder Dienstleistung, jede Prozessadaptation ist mit einer Veränderung verbunden. In vielen Fällen sind diese Veränderungen marginaler Art. Mitarbeitende, die in einer Verkaufsabteilung tätig sind, haben z.B. die Produkteeigenschaften zu verinnerlichen, um potentielle Kunden von einem Produkt oder einer Dienstleistung zu überzeugen. Nicht selten stehen grössere Umgestaltungen an. Zu diesen zählen Veränderungen bei denen sich Menschen an neue Verhaltensweisen und Umgebungen gewöhnen müssen. Wird bspw. in einer Verwaltung von abteilungsorientierten Empfangsschaltern auf einen für alle Bereiche zuständigen «One Stop Shop» umgestellt, stellt dies an die Mitarbeitenden in der Regel ganz andere Anforderungen als wenn diese lediglich bei finanziellen oder baurelevanten Fragen Auskunft geben müssen. Ebenso fühlen sich allenfalls Kundinnen und Kunden in einer «offeneren» Umgebung weniger wohl.

Wem kommt die Rolle des Change Managers zu?

Solchen vordergründig kleinen Veränderungen, die im Ansatz alle ein gewisses Konfliktpotential haben, soll in der Definition des Veränderungsprojekts detailliert Rechnung getragen werden. Je grösser das Veränderungsprojekt, desto eher empfiehlt sich, für das relevante Umfeld eine Art Matrix zu erstellen. Wer ist als potentieller Unterstützer und Botschafter eines Projektes frühzeitig ins Boot zu holen. Wer wird auf das «Bremspedal» drücken? Sind Gegner in den eigenen Reihen zu erwarten? Oder bei Bürgerinitiativen? Das ist letztlich relevant, um für alle Anspruchsgruppen angemessene Kommunikationskanäle und –inhalte zu definieren.

Für jede Veränderung sollte eine Art «Ownership» bestehen. Vereinfacht ausgedrückt bedeutet dies, dass für alle Veränderungen ein «Change Manager» bestimmt werden soll. Naheliegend ist es, diese Aufgabe der zuständigen Projektleitung zu übertragen, die natürlich in diesem Fall angemessene Kenntnisse in der Führung von Change Prozessen haben sollte. Nicht immer ist es sinnvoll, das Change Management einer internen Person oder Gruppe zu übertragen. Externe Stellen (Coaches, Berater, Agenturen etc.) wirken einer allfälligen (internen) Systemblindheit (man sieht den Wald vor lauter Bäumen nicht mehr) entgegen und bringen eine meist wertvolle zusätzliche Sichtweise in den Prozess. Auch wenn externe Stellen ins Spiel gebracht werden, die eigentliche «Ownership» für den Gesamtprozess bzw. die (interne) Verantwortung für ein Projekt kann nicht einer aussenstehenden Person übertragen werden. Denn üblicherweise verlassen «fremde» Experten nach Abschluss eines Projektes - metaphorisch gesprochen – das Boot wieder. Dies also zu einem Zeitpunkt, zu dem zwar der eigentliche Prozess der Veränderung abgeschlossen zu sein vermag. Dass aber die Veränderung bereits Teil der (neuen) Werthaltung in der Gemeinde wurde, ist zu diesem Zeitpunkt meist unwahrscheinlich. Um also den Prozess nachhaltig abschliessen zu können, benötigt es direkte Verantwortung innerhalb der Organisation.

Veränderungs- vs. Regelkommunikation

Der Harvard-Professor John P. Kotter ist bekannt für seine Arbeiten im Führungs- und Veränderungsmanagement. Nach dem Modell von Kotter verläuft ein gut begleitetes Veränderungsprojekt in acht Phasen (vgl. Kotter et al., 2013).

Phase 1	Ein Gefühl der Dringlichkeit erzeugen
Phase 2	Führungskoalition aufbauen
Phase 3	Vision und Strategie entwickeln
Phase 4	Die Vision des Wandels kommunizieren
Phase 5	Mitarbeitende befähigen, sich durchzusetzen
Phase 6	Kurzfristige Erfolgserlebnisse verschaffen
Phase 7	Erfolge konsolidieren
Phase 8	Veränderungsbereitschaft in der Kultur verankern

Abbildung 36: Die acht Phasen der Veränderung nach Kotter et al., 2013

Der zweite Punkt (Führungskoalition aufbauen) beschreibt bspw. mit anderen Worten und implizit, die Zuteilung des Umfeldes in Promotoren, Skeptiker, Bremser und Gegner. In jeder der acht Phasen besteht ein mehr oder minder grosser Bedarf an Kommunikationsmassnahmen. Die Auswahl der geeigneten Inhalte und Kanäle ist dabei nicht selten eine Kunst. Je nach Komplexität der Inhalte, je nach gewünschter Verbreitungsgeschwindigkeit und Affinität zu bestimmten Medienkanälen, müssen die passenden Kanäle ausgewählt werden. Das Repertoire des modernen Veränderungskommunikators ist umfangreich. Neben klassischen Printprodukten (Newsletter, Zeitungsberichte) setzt er immer mehr auf elektronische Kanäle wie Blogs, Videoclips, Wikis und soziale Medien. Nicht wegzudenken sind auch Events, seien diese in Form von

Grossgruppen- oder Infoveranstaltungen oder auch nur kleine Feiern beim Erreichen eines angepeilten Ziels.

Die Massnahmen der Veränderungskommunikation sind grösstenteils von jenen der Regelkommunikation gesondert zu betrachten. Oft sind die Dringlichkeit und/oder die Wichtigkeit von Botschaften innerhalb des Veränderungsprozesses ganz anders als jene in der Regelkommunikation (bspw. wöchentlicher Medienversand von Beschlüssen der Exekutivbehörde). Das verlangt meist auch nach anderen Kommunikationskanälen.

Ob jeweils jene Abteilung oder Person, welche die Regelkommunikation verantwortet, auch die geeignete Stelle für die Veränderungskommunikation ist, bleibt von Fall zu Fall zu entscheiden. Normalerweise empfiehlt es sich, für die Veränderungskommunikation eine zusätzliche Person oder Organisation zu beauftragen, die – wie bereits im vorigen Absatz beschrieben – eine externe, unbelastete Sichtweise in die Kommunikation bringt. Bedingung ist in diesem Fall selbstverständlich eine enge Zusammenarbeit mit der Stelle für die Regelkommunikation.

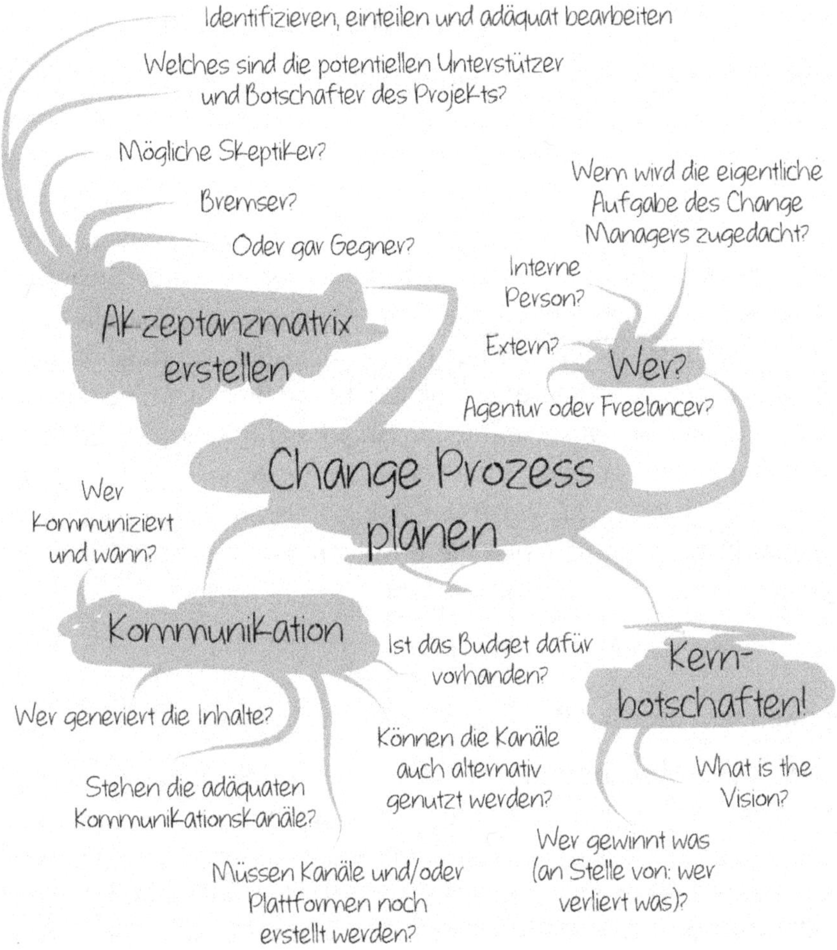

Identifizieven, einteilen und adäquat bearbeiten

Welches sind die potentiellen Unterstützer
und Botschafter des Projekts?

Möglicke Skeptiker?

Wem wird die eigentliche
Aufgabe des Change
Managers zugedacht?

Bremser?

Oder gar Gegner?

Interne
Person?

**Akzeptanzmatrix
erstellen**

Extern?

Wer?

Agentur oder Freelancer?

Change Prozess
planen

Wev
Kommuniziert
und wann?

Kommunikation

Ist das Budget dafür
vorhanden?

**Kern-
botschaften!**

Wer generiert die Inhalte?

Können die Kanäle
auch alternativ
genutzt werden?

What is the
Vision?

Stehen die adäquaten
Kommunikationskanäle?

Wer gewinnt was
(an Stelle von: wer
verliert was)?

Müssen Kanäle und/oder
Plattformen noch
erstellt werden?

Abbildung 37: Change Prozess planen

Vierter Teil – Die Phase der eigentlichen Veränderung

Je komplexer ein Umfeld, desto mehr Sicherheit benötigt der Mensch. Unsicherheit ist ein potentieller Stressfaktor. Ein natürliches Verhalten bei Unsicherheit innerhalb des Veränderungsprozesses ist eine automatische Zuwendung zum Alten und Bewährten. Das kennt man bereits. Hier sind keine Überraschungen zu erwarten. Auch wenn das Bewährte gegenüber dem Neuen Nachteile haben mag, es vermittelt Sicherheit. Ein klassisches Beispiel dafür sind Gemeindefusionen. Wie ein neues (Gemeinde-)Konstrukt nach einer Fusion aussieht, vermag man vielleicht zu sagen. Wie es im Detail funktioniert, wo man einen neuen Pass beantragen kann, wo man die Gebührenmarken für Sperrgut-Abfälle beziehen kann, wo die eigenen Kinder nach der Fusion in die Schule gehen müssen und vieles mehr. Was oberflächlich als am Rande liegend erscheinen mag, daran hält sich die Bevölkerung einer Kommune oder Region.

Empowerment oder Befähigung der Anspruchgruppe

Ein nicht zu unterschätzender Teil des Empowerments der verschiedenen Stakeholder beginnt weit zurück in der Planungsphase und in der Definition der Change Architektur. Während des eigentlichen Veränderungsprozesses geht es vornehmlich um kommunikative und persönliche Massnahmen. Den Anteilsgruppen ein neues Verhalten, neue Angebote zu vermitteln, verlangt minutiös geplante Kommunikation. Aber auch ein persönliches Engagement. Als Metapher kann dafür bspw. die Schliessung eines bedienten Ticketverkaufs bei den Bundesbahnen stehen. Wenn an Stelle des freundlichen Ticketverkäufers ein unpersönlicher Ticketautomat tritt, sind in der Regel Menschen, die nicht technikaffin sind, auf der unglücklichen Seite. Eine gut aufgebaute elektronische Anleitung mag zwar vielen helfen. Doch eine (einmalige) persönliche Hilfestellung wird in diesem Fall von den meisten Menschen als positiv und bereichernd empfunden. Und wird sich damit für den Veränderungsprozess (in diesem Fall die Umstellung vom persönlichen zum automatisierten Ticketverkauf) als höchst förderlich erweisen. Der Befähigung, ein gewünschtes Verhalten als selbstverständlich, positiv und nicht als belastend und aussergewöhnlich aufzunehmen, ist hohes Gewicht beizumessen.

Die Menschen sollen in dieser Phase vornehmlich mit positiven Aspekten konfrontiert werden. Es geht nicht darum, was sie verlieren, sondern darum, was sie gewinnen, wenn sie die neuen Prozesse, Produkte oder Dienstleistungen annehmen.

Etablierung eines Zielsetzungsmanagements

Um zu verdeutlichen, was mit einem Zielmanagement genau gemeint ist, soll wiederum das Beispiel einer Gemeindefusion hinzugezogen werden. Einer letztlich gelungenen Veränderung dieser Grössenordnung geht auf der Ebene der Werte und Philosophien ein langer Prozess voraus. Meist sind es Monate und Jahre, die benötigt werden, um eine Mehrheit vom Nutzen und von der Dringlichkeit eines solch massiven Wandels für sich einzunehmen. Das menschliche Gehirn ist kaum in der Lage, eine Zeitspanne, die mehrere Jahre umfasst, zu überblicken. Das Installieren eines dynamischen Projekt- und Zielsetzungsmanagements ist daher unumgänglich.

Das folgende Modell zeigt vereinfacht einen sinnvollen Aufbau und Ablauf eines solchen Zielsetzungsmanagements.

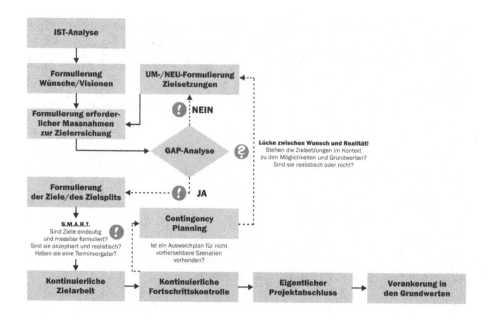

Abbildung 38: Zielprozess-Modell, vgl. Müller, 2012

Entscheidend, ob ein Zielmanagement erfolgreich oder als Alibi-Übung abgetan wird, ist die Frage, wie intensiv mit den gesetzten Zielen innerhalb des Prozesses gearbeitet wird. Sind die Zielsetzungen nur auf dem Papier vorhanden, verkommen die Vorhaben rasch zur Makulatur.

Man stelle sich immer wieder die Frage, ob die gesteckten Ziele genug Kraft entwickeln? Sind sie visionär und trotzdem so formuliert, dass sie «geerdet» und erreichbar bleiben? Wird mit Bildern gearbeitet, die eine kraftvolle Assoziation auszulösen vermögen (siehe auch Kapitel «Das Bild im Kopf des Kunden»)? Wie präsent sind die Ziele in den Köpfen und vor den Augen der involvierten Personen?

Ein kontinuierlich und konsequent betriebenes Zielsetzungsmanagement ist das A & O eines erfolgreichen Wandlungsprozesses.

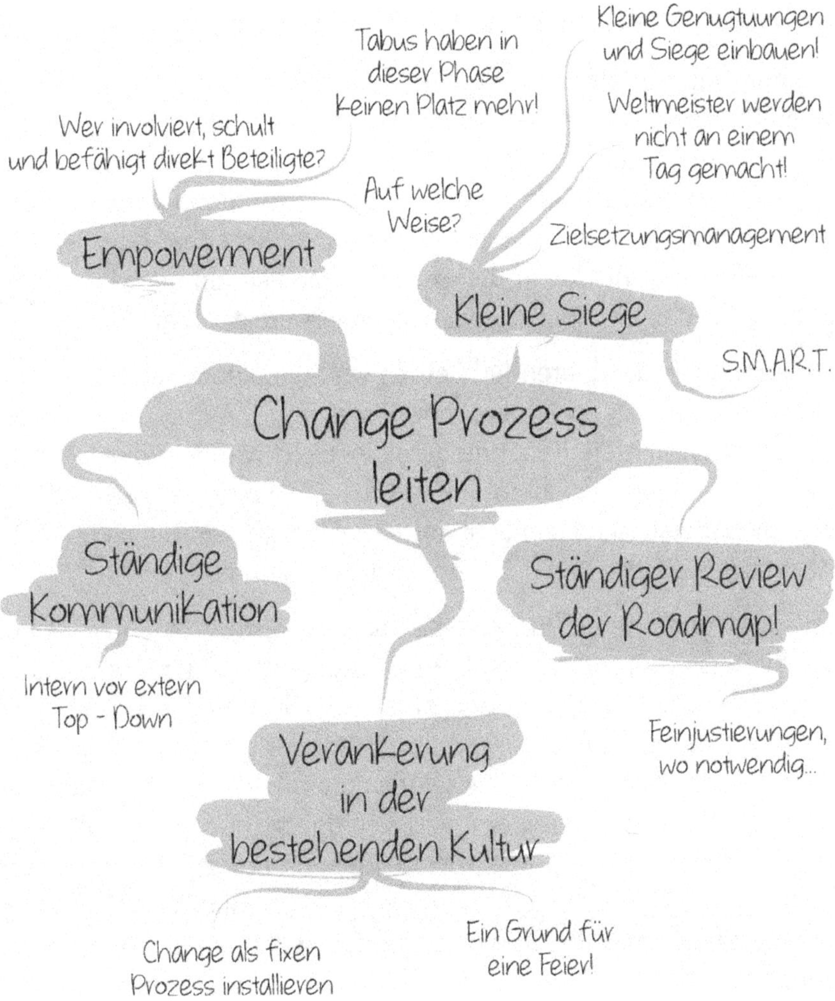

Wer involviert, schult
und befähigt direkt Beteiligte?

Tabus haben in
dieser Phase
keinen Platz mehr!

Kleine Genugtuungen
und Siege einbauen!

Weltmeister werden
nicht an einem
Tag gemacht!

Auf welche
Weise?

Empowerment

Zielsetzungsmanagement

Kleine Siege

S.M.A.R.T.

Change Prozess
leiten

Ständige
Kommunikation

Ständiger Review
der Roadmap!

Intern vor extern
Top - Down

Feinjustierungen,
wo notwendig...

Verankerung
in der
bestehenden Kultur

Change als fixen
Prozess installieren

Ein Grund für
eine Feier!

Abbildung 39: Change Prozess leiten

Fünfter Teil – Die Betriebs- und Vermarktungsphase

Mit dem erfolgreich abgeschlossenen Wandel tritt das «Projekt» in den «(Regel-)Betrieb» über. Oft sind Produkte, Prozesse und/oder Dienstleistungen zu diesem Zeitpunkt weitgehend akzeptiert und eingeführt, aber vielleicht noch nicht als Selbstverständlichkeit wahrgenommen. Die entsprechende Kommunikation bzw. Vermarktung des ehemaligen «Veränderungsprojekt» geht nun in die Regelkommunikation oder in die Vermarktung der bestehenden Aktivitäten und Produkte über.

Die Integration in den laufenden Betrieb verlangt eine weitgehende Passung mit der bisherigen Mission und Vision sowie mit den Werten der Organisation, damit die Resultate des einstigen Wandelprojektes möglichst rasch als «normal» empfunden werden. Wo bisherige Werte mit neuen Dienstleistungen schlecht korrespondieren, ist folglich auch die mittelfristige Veränderung der Kernwerte einzuleiten.

Bereits in einer früheren Phase sollte überlegt werden, ob und wie neue oder angepasste Produkte und Dienstleistungen von der bestehenden Organisation bzw. dem angestammten Personal betrieben und/oder vermarktet werden können. Nicht selten kommt es vor, dass selbst in diesem späten Stadium eines Projektes gute und durchaus ausgereifte Ideen in die Schublade wandern, weil sich der Betrieb als zu aufwändig erweist und vielleicht auf Dauer nicht einmal umfassend finanziert werden kann. Es ist deshalb früh daran zu denken, allfällig entstehende Betriebskosten in die Budgets kommender Rechnungsperioden einzubauen.

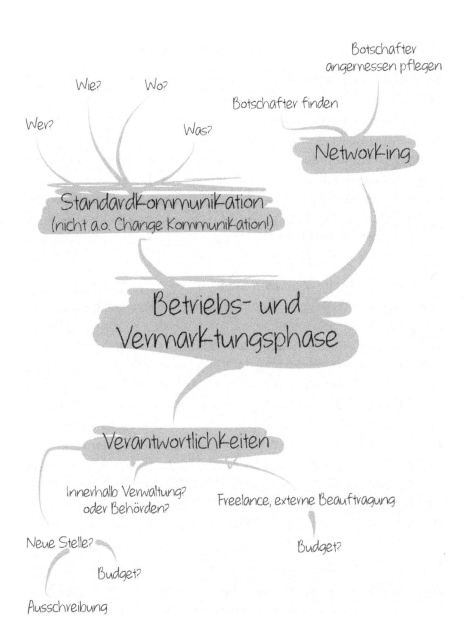

Abbildung 40: Betriebs- und Vermarktungsphase

Sechster Teil – Der Review/Innovations-Update

Warum haben öffentliche Verwaltungen – trotz «New Public Managements», «Public Managements» oder «Wirkungsorientierter Verwaltungsführung (WOV)» sehr oft noch einen altbackenen Anstrich? Weil Verwaltungen sehr häufig – im Gegensatz zum Ausdruck «WOV» keine wirkungsorientierte Kommunikation betreiben. Die Dienstleistungen und Prozesse können noch so spannend und innovativ sein, wenn dies niemand zur Kenntnis nimmt, haben die Innovationen auch keine Wirkung auf das Image einer Verwaltung und damit im engeren Sinne auch keine Wirkung als Instrument des Standortmarketings bzw. des Standortmanagements.

Und auch wenn die Innovationen noch so interessant, vielleicht sogar bahnbrechend sein mögen... die globalisierte Wirtschaft bzw. das Alltagsleben dreht schnell. Immer schneller. Die Halbwertszeit einer Invention ist heutzutage deutlich kürzer als noch vor 20 Jahren. Während der Lebenszyklus – ohne auf die heutige, trendige «Retro»-Wirkung zu schielen - einer Vinyl-Langspielplatte noch bei 60 oder 70 Jahren lag, die Compact Disc (CD) als Nachfolgerin der Vinylplatte schafft es im besten Fall noch auf 30 oder 40 Jahre. Downloads von Musikstücken sind heutige bereits gängiger als sich CD's zu kaufen. Aber auch der Download, der vielleicht seit 10 oder 15 Jahren eingeführt ist, wird bereits heute durch sogenannte «Cloud Musik» kannibalisiert. Ein Angebot, bei dem der Musikhörer weder einen physischen Musikträger bezieht, noch die Songs auf eine persönliche Festplatte herunterlädt, sondern sich im Grunde genommen lediglich das Recht sichert, sich überall und immer einen Song anzuhören.

Wie beschriebene Tonträger einen immer kürzeren Lebenszyklus haben, so haben – wenn man dies rational betrachtet – auch Prozesse, Angebote und Dienstleistungen in öffentlichen Verwaltungen einen immer kürzeren Lebensprozess. Genau zu beschreiben, warum öffentliche Verwaltungen nicht gerade zu den Innovationsweltmeisterinnen gehören mögen, ist nicht leicht. Das mag an langsam funktionierenden Organisationsstrukturen liegen. Vielleicht am Wertesystem der Mitarbeitenden. Auch die verwaltungsrechtlichen Einflüsse mögen das ihre dazu beitragen. Ganz sicher ist es so, dass es geschichtlich bedingt ist, dass Verwaltungen Seriosität und Beständigkeit ausstrahlen sollen und nicht in erster Linie innovativ sein müssen.

Lineares Denken ist ein Todfeind von Erneuerungsanstrengungen. Das lineare (im Gegensatz zum lateralen oder queren) Denken, ist in einem Umfeld, das vornehmlich Regeln, Gesetze und Verordnungen umzusetzen hat, nicht zu knapp vorhanden. Das ist grundsätzlich nichts Falsches, denn zu viel Verhaltenskreativität verträgt sich nur ansatzweise mit fest geschriebenen Bestimmungen.

Was auf den ersten Blick als schlecht dargestellt wird, ist in Tat und Wahrheit nicht nur schlecht, sondern durchaus erstrebenswert. Denn lineares Denken erleichtert den Arbeitsalltag. Routinen reduzieren die aufzuwendende Energie, um wiederkehrende Arbeiten zu erledigen. Es sind aber auch exakt jene Routinen, die dazu beitragen, die sogenannte Systemblindheit zu fördern. Vor lauter Alltag sieht man sprichwörtlich die Bäume im Wald nicht mehr. Hier sind neue Perspektiven und Impulse gefragt, die in der Regel nicht mehr ausschliesslich aus der Organisation selbst kommen (siehe auch Kapitel «Kundenorientierte Leistungsgestaltung von Gemeinden»).

Funktionsübergreifende Impuls-Gruppen

In solchen Situation bewähren sich überfunktionale Impulsgruppen. Solche sind schon vielerorts bekannt und gerne eingesetzt. Oft tragen diese Bezeichnungen wie «Beirat» oder im politischen Umfeld «Kommission». Die generische Bezeichnung «Impulsgruppe» beschreibt den eigentlich gewünschten Einfluss einer begleitenden Gruppe allerdings viel genauer als bspw. Beirat. Ein Beirat setzt sich oft aus Experten zusammen, die **bei**sitzend **Rat**schläge erteilen. Das ist zwar sinnvoll. Freilich stammen aber die Experten sehr oft aus dem mehr oder weniger direkten Umfeld der zu beratenden Organisation oder Person. Einen kompletten Durchbruch der Systemblindheit (oder eben... des linearen Denkens) vermag eine solche Gruppe selten zu liefern. Wertvoll wird es erst, wenn eine Impulsgruppe eine Situation, einen Prozess oder eine Dienstleistung aus den unterschiedlichsten Perspektiven betrachtet und beurteilt. Ein Wissenstransfer aus anderen Lebensbereichen ist dabei meist wertvoller, als ein Expertenrat aus dem engeren Umfeld.

Eine Impulsgruppe im Bereich der öffentlichen Innovation oder damit im weitesten Sinn auch ein gut durchmischter Beirat im Standortmarketing setzt sich in der Regel aus Mitgliedern aus folgenden Bereichen zusammen: Vertreter aus der Wirtschaft (Industrie, Handel, Detailhandel), der Kultur, der Politik, aus dem touristischen und Freizeit-Umfeld und vielleicht auch Privatpersonen. Sicherlich eine wertvolle Zusammensetzung, da eine solche Gruppe eine gewisse vermischte perspektivische Sicht hinbringt. Erfahrungsgemäss setzen sich solche Gruppen aber aus Vertreterinnen und Vertretern des eigenen Standorts zusammen. Das wiederum schliesst die wertvolle Aussensicht aus.

Eine Impulsgruppe in der Standortentwicklung (Public Innovation) hingegen könnte sich beispielhaft folgendermassen zusammensetzen:

Psychologin/Psychologe oder Soziologin/Soziologen
(kennen Hintergründe, warum Menschen etwas tun oder unterlassen)

Akademische Lehrperson
(womöglich aus einer nicht ortsansässigen Fakultät)

HandwerkerInnen aus Kleinbetrieben
(gehen oft «hands on» an eine Herausforderung)

Jugendliche/SchülerInnen
(bringen eine unverfälschte und offene Sichtweise)

Marketing-Experte/-Expertin
(wieso nicht aus der Industrie? Oder aus der IT-Branche)

JournalistIn
(vielleicht eines Fachmagazins und nicht der regionalen Tageszeitung)

sowie eine(n) ModeratorIn
(zur professionellen Begleitung des Prozesses)

Abbildung 41: Mögliche Zusammensetzung einer Impulsgruppe im Standortmanagement

Sinnvollerweise ist die beauftragende, verantwortliche Person nicht Teil der Gruppe. Der Standortmanager formuliert lediglich den Inhalt einer «Aufgabe» und übergibt diese zur Prozessbegleitung an eine geübte Person, die den Impulsprozess moderiert.

Die Zusammensetzung der Impulsgruppe lehnt sich im Grundsatz an die Erfahrungen aus der Innovationtechnik des «Design Thinkings» (vgl. Brown, 2009) ab. In dieser Denkweise werden Herausforderungen und Aufgaben «erfahrbar» gemacht und aus möglichst vielen Perspektiven betrachtet. Eine wertfreie und positive Iteration eines Entwicklungsprozesses ist dabei die Voraussetzung für ein erfolgreiches «Design Thinking».

Wenn man übrigens den Transfer aus der Wirtschaft, was ja durchaus im Sinne der Philosophie des «Public Managements» entspricht, konsequent zu Ende denkt... warum soll es in einer öffentlichen Verwaltung keinen Produktmanager geben? Eine Person, die dafür verantwortlich ist, die bestehenden Angebote und Dienstleistungen «up to date» zu halten. Was spricht dagegen, in einer Verwaltungsorganisation eine verantwortliche Person für die Entwicklung von neuen Produkten und Services zu bestimmen? Im Grunde genommen nichts, denn kein Gesetz schreibt vor, dass es solche Funktionen in den öffentlichen Verwaltungen nicht geben darf.

Frei-(Räume)

Ein ungeschriebenes Gesetz besagt, dass kreative Ideen und deren Umsetzungen erst dort entstehen, wo Freiräume vorhanden sind. Mit Freiräumen sind verschiedene Anforderungen verbunden. Vorab sind damit **zeitliche Freiräume** gemeint. Nicht nur in der klassischen Wirtschaft sind angestellte Personen mehr und mehr dem «Daily Business» unterworfen. Zeitliche Freiräume zur Entwicklung und zur Reflexion von neuen Ideen und Ansätzen besteht kaum. Weiter sind unter Frei-(Räumen) örtliche Freiräume gemeint. Ein Grossraumbüro, wo vier, fünf oder nicht selten noch mehr Menschen auf gedrängtem Raum mit- und nebeneinander arbeiten, lenkt zu sehr ab. Eine kreative Atmosphäre kann nicht aufkommen. Um solche Räumlichkeiten einzurichten, dürfte es den Verwaltungen in fast allen Fällen an den nötigen finanziellen Ressourcen fehlen.

Glücklicherweise existieren immer mehr (externe) Unternehmen und Organisationen, die «Labors» oder «Werkstätten» professionell ausstatten und ihren Kunden und Klienten zur Verfügung stellen, damit dort gepröbelt werden kann. Räumlichkeiten, in denen Fehler gemacht werden dürfen, in denen versuchsweise neue Prozess- und Dienstleistungsansätze durchgespielt, verworfen und/oder weiterentwickelt werden können.

Die **geistigen Freiräume** komplettieren die erforderlichen «räumlichen» Voraussetzungen, um innovativ sein zu können. Die geistigen Freiräume sind eng mit den zeitlichen Freiräumen verbunden. Wenn keine Zeit für Entwicklungsprozesse vorhanden ist, fallen den wenigstens Menschen spontan gute Ideen ein. Meist kommen diese sprichwörtlich erst unter der Dusche. Oder beim Radfahren in der Natur. Dort, wo man buchstäblich vom Tagesgeschäft «abschaltet». Kreativität und Innovation auf Knopfdruck sind kaum möglich. Deshalb ist es notwendig, dass auch der «Innovationsmanager» im öffentlichen Raum Inspirationsquellen zur Verfügung hat, woraus sich neue Gedankenansätze ergeben können.

Erfolgsindikatoren

Standortmarketer und ihre Arbeit stehen speziell im Fokus verschiedenster Anspruchsgruppen. Finanzierende Organisationen, in der Regel politische Gemeinden, oft in Kombination mit der ansässigen Wirtschaft in einer Public Private Partnership (PPP), wollen Erfolge sehen. Das ist allemal in Ordnung. Ein «Return on Investment» (ROI) soll auch im Public Marketing sichtbar sein.

Die Tatsache, dass bspw. Unternehmen bei der Standortsuche nicht mehr wie früher eine «Long List» (im wahrsten Sinne des Ausdrucks) aufstellen, sondern sich bereits früh im Suchprozess auf eine oder zwei Standortgemeinden beschränken, erschweren das aktive Vermarkten eines regionalen oder kommunalen Standortes (siehe auch Kapitel «Wie Unternehmen heute Standorte suchen») massiv. Auch die hohe Gewichtung persönlicher Präferenzen (vgl. Scherer, 2013) in der Standortauswahl macht es für Standortmarketer schwierig, quantitative Messfaktoren direkt zu beeinflussen.

Entwickelt sich demnach die ursprünglich rein vermarktende Organisation hin zur pflegenden und innovierenden Einheit, ist es nicht wirklich angebracht, den Erfolg ausschliesslich von quantitativen Messgrössen abhängig zu machen. Da eine Standortmarketing-Organisation die Ansiedlung von neuen Unternehmen nur schwer aktiv beeinflussen kann, macht es wenig Sinn, die Leistung nach angesiedelten Arbeitsplätzen oder neuem Steuersubstrat zu beurteilen.

Ein ausgewogener Mix an weichen, in Kombination mit wenigen, selbst beeinflussbaren harten Faktoren ist in diesem Fall wesentlich fairer und sinnvoller. Dessen ungeachtet ist es schwierig, konkrete Messgrössen zu definieren. Die Voraussetzungen sind von Standort zu Standort unterschiedlich. Was bleibt, ist der persönliche Kontakt zu allen Anteilsgruppen. Auch wenn der vermarktende Teil einer Organisation zurückgeht, ein ausgeprägtes «Networking» mit allen Anteilsgruppen bleibt ein entscheidender Faktor in der Beurteilung der Arbeit von Standortmarketern. Auch wenn die direkte persönliche Kommunikation nicht unbedingt quantitativ bewertet werden kann.

Trendspotting

Aktive Beobachtung von Trends sollte immer mehr auch zu den konkreten Aufgaben von öffentlichen Verwaltungen werden. Dabei ist es nicht damit getan, passiv auf Veränderungen zu reagieren. Vielmehr sollen Makro- und Mikrotrends in regelmässiger Folge überprüft werden, inwiefern diese einen künftigen Einfluss auf Prozesse oder Dienstleistungen einer Gemeinde oder Region haben könnten.

Eine Möglichkeit ist dabei die Zusammenarbeit mit sogenannten Trendagenturen. Solche Kooperationen sind in der Regel recht kostspielig. Vor allem, wenn die Agenturen auch mit der Implementierung und eventuell sogar mit einem damit verbundenen Change Management-Mandat ausgestattet werden. Glücklicherweise eröffnen sich im Markt immer mehr Möglichkeiten an Angeboten, die eine verhältnismässig kostengünstige Reflexion über aktuelle Trends und deren Einflüsse auf die eigene Organisation bzw. Gemeindeverwaltung, wie das Beispiel einer Schweizer Innovations- und Corporate Coaching-Agentur mit ihrer Trainingsplattform «noon2moon» zeigt[56].

So oder so ist zu empfehlen, einen internen Prozess zu definieren, wie der Innovationskreislauf (und damit zusammenhängend die Vermarktung) sichergestellt werden kann. Auch wenn keine externen Stellen eingebunden werden sollen oder können, ein wiederkehrendes in Frage stellen von oberflächlich gesetzten und eingespielten Prozessen, verlangt zwar Disziplin und eine Ergänzung des linearen mit einer gehörigen Portion lateralen Denkens.

---

[56] http://www.noon2moon.com/trend-embedding.html

Für das «Self-Mirroring», der regelmässigen konstruktiv-kritischen Spiegelung der eigenen Arbeit, eignen sich speziell die Super- und die Intervision. Die Formate kennt man vor allem in der sozialen Arbeit und in der Psychologie. Beide Beratungsformen sind so wertvoll, weil sie mit wenig Aufwand und kostengünstig durchgeführt werden können. Sowohl die Supervision, wie auch die kollegiale Beratung ermöglichen der «fallgebenden» Person, neue Sichtweisen und Lösungsansätze für herausfordernde Aufgabenstellungen zu entwickeln. Intervision und Supervision werden in der Wirtschaft noch sehr spärlich, aber immerhin intensiver als auch schon eingesetzt. Einem Einsatz dieser wertvollen Monitoring- und Problemlösungsformate steht auch in der Standort-Innovation bzw. im Standortmarketing nichts im Weg.

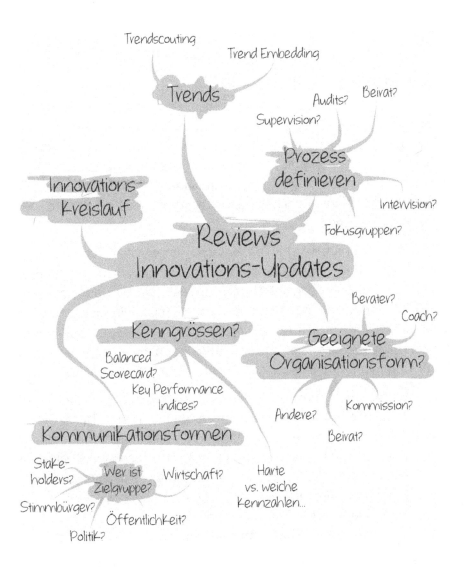

Abbildung 42: Reviews Innovations-Updates

Epilog

Viele der präsentierten Ideen in diesem Buch mögen für aktive Standortmarketer oder Verwaltungsangestellte weit von einer realistischen Umsetzung entfernt erscheinen. Die Standortvermarktung hat sich in den letzten zehn bis fünfzehn Jahren jedoch rasant entwickelt. Noch vor zehn Jahren waren kaum Bücher über Standortmarketing zu finden. Ausbildungen entstanden erst nach und nach. Mittlerweile gibt es sowohl zahlreiche Publikationen zum Thema als auch passende Kurse und Lehrgänge.

Die Entwicklung einer jungen Branche stoppt nicht. Im Gegenteil. Kommunen und Regionen sind mehr denn je angewiesen, sich zu positionieren, um im Standortwettbewerb zu bestehen. Nur die wenigsten Standorte sind auf Rosen gebettet. Insofern passt ein Zitat des deutschen SPD-Politikers Sigmar Gabriel gut zum Thema der Innovation und Vermarktung auf regionaler und kommunaler Ebene: «Wer kein Gold im Boden hat, muss sich halt um das Gold in den Köpfen kümmern.»[57]

Die Ideen und kreativen Ansätze sind da. In den Köpfen von Standortmarketern und Millionen von Bürgerinnen und Bürgern. Nun geht es bloss noch darum, die Ansätze und Ideen aus den Köpfen auf die Entwicklungstische von Standort-Innovatoren zu bringen. Auch wenn neue Ideen in der Regel zuerst kritisch betrachtet, viele sogar bekämpft werden, spätestens in dem Moment, in dem die Ideen von anderen kopiert werden, hat man als Standort-Innovator und –vermarkter das Gefühl, den anderen einen Kopf voraus zu sein.

Das zahlt sich aus. Mit Neuzuzügern, welche die Dienstleistungskraft und schlanken Prozesse einer öffentlichen Verwaltung zu schätzen wissen. Insofern bleibt bloss noch übrig, allen Standortmarketern, die sich in den nächsten Jahren zu Standort-Innovatoren wandeln, viel Spass und Erfolg bei ihrer Arbeit zu wünschen.

---

[57] Sigmar Gabriel, (*1959), SPD-Vorsitzender - Quelle: Kölner Stadt-Anzeiger

Literaturverzeichnis

Allemann, N. / Guldimann, N. (2013): Potenziale für eine Velostadt. Olten: Bachelor Thesis FHNW

Bachmann, T. / Frunz, S. / Häfeli S. (2012): Marketing und Kommunikationskonzept für die Region Kelleramt. Brugg: Projektarbeit FHNW.

Bilanz (2013): Städte-Ranking 2013: Zürich hat die höchste Lebensqualität [online]. URL: http://www.bilanz.ch/luxus/staedte-ranking-2013-zuerich-hat-die-hoechste-lebensqualitaet [Stand: 15.1.2014]

Binswanger, M. (2010): Sinnlose Wettbewerbe. Warum immer mehr Unsinn produzieren. Freiburg: Herder.

Bonfadelli, H. (2004): Medienwirkungsforschung II. Konstanz: uvk Verlagsgesellschaft.

Brandenburger, Adam M.; Nalebuff, Barry J.: Co-opetition, (2009), Broadway Business

Bristow, G. (2005): Everyone's a 'Winner': Problematising the discourse of regional competitiveness. In: Journal of Economic Geography, 5(3), S. 285-304.

Brown, T. (2009): Change by Design: How Design Thinking Transforms Organizations and Inspires Innovation: How Design Thinking Can Transform Organizations and Inspire Innovation. Verlag HarperBusiness

Bruhn, M. (2002): Integrierte Kundenorientierung. Implementierung einer kundenorientierten Unternehmensführung. Wiesbaden: Gabler.

Bundesamt für Statistik BFS / Bundesamt für Raumentwicklung ARE (2012): Mobilität in der Schweiz, Wichtige Ergebnisse des Mikrozensus, Mobilität und Verkehr 2010, Neuchâtel, zit. in: Allemann, N. / Guldimann, N. (2013): Potenziale für eine Velostadt. Olten: Bachelor Thesis FHNW.

Cash (2006): Das Seilziehen um das Schaufenster. In: CASH - Die Wirtschaftszeitung der Schweiz. 07.12.2006, S. 11

eGovernment Computing (2013): Facebook Branchen Ranking Städte und Gemeinden [online]. URL: http://www.egovernment-computing.de/index.cfm?pid=12131 [Stand: 5.2.2014]

Ergenzinger, R.; Thommen, J.-P. (2005): Marketing. Vom klassischen Marketing zu Customer Relationship Management und E-Business. Zürich: Versus.

Europäische Kommission (1999): Fahrradfreundliche Städte: vorwärts im Sattel. Brüssel: Europäische Gemeinschaften, o. D., zit. in: Allemann, N. / Guldimann, N. (2013): Potenziale für eine Velostadt. Olten: Bachelor Thesis FHNW.

Fliss, S.; Lasshof, B. (2005): Controlling von Dienstleistungsprozessen. In: Reinecke S. Tomcak T. (2005): Handbuch für Marketing-Controlling. 2. Auflage. Wiesbaden: Gabler.

Gassmann, Oliver, Frankenberger Karolin, Csik Michaela (2013): Geschäftsmodelle entwickeln - 55 innovative Konzepte mit dem St. Galler Business Model Navigator, München: Carl Hanser

Gerny, D. (2010): Mangelnde Koordination beim Schweizer Standortmarketing. In: NZZ, Nr. 63, 17.3.2010, S. 27.

Glutz, F. (2009): Optimierung der Kommunikation von Zofingenregio Marketing mit seiner Trägerschaft. Olten: Bachelor Thesis FHNW.

Gottlieb Duttweiler Institut (2008): Statusfaction - Was wir morgen für unser Ansehen tun [online]. URL: www.gdi.ch/media/summaries/Statusfaction_Summary_D.pdf [Stand:11.10.2013]

Greiwe, Stephanie / Wagner, Claude (2012): Evaluation des Basler Stadtmarktes. Olten: FHNW.

Gubler, R.(2010): Politische Grenzen verlieren an Bedeutung. In: Kommunalmagazin, 4, S. 40-41.

Gubler, Robert E; Möller, Christian (2006): Standortmarketing: Konzeption, Organisation und Umsetzung

Gumpinger, Georg (2010): Studie Radfahren und Einkaufen. Die wirtschaftliche Bedeutung und Potentiale des Fahrrades für den Einzelhandel in Österreich. zit. in: Forschung Radverkehr – Analysen A-4/2011 [online], URL: www.nationaler-radverkehrsplan.de/transferstelle/downloads/for-a-04.pdf [Stand:11.10.2013]

Häusel, H.G. (2010): Brain View. Warum Kunden kaufen. Freiburg: Haufe.

http://en.wikipedia.org/wiki/Service_recovery_paradox [Stand: 8. 10. 2013].

http://www.stuttgart.de/item/show/288284

http://www.aarau.ch/documents/Ergebnisbericht_Zufriedenheit.pdf

http://www.business-wissen.de/handbuch/servicequalitaet/servicequalitaet-verstehen-modelle-zur-erklaerung/ [Stand: 11. 10. 2013].

http://www.globalinnovationindex.org

Industriemagazin (2013): Städteranking. URL: http://www.industriemagazin.at/a/ranking-die-top-100-gemeinden-oesterreichs. Stand [5.2.2014]

Kantonsimage (2012) [online]. URL: http://www.kantonsimage.ch [Stand: 5.2.2014]

Kiese, M (2011): Fachkurs Standortmarketing für Gemeinderäte. Fachhochschule Nordwestschweiz, Olten, 29.1.2011.

Kostka, C.; Mönch, A. (2009): Change Management: 7 Methoden für die Gestaltung von Veränderungsprozessen, Carl Hanser Verlag GmbH & Co. KG

Kotler Ph./ Gertner D. (2004): How can a place correct a negative image. In: Place branding, vol 1,1. New York: H. Stewart, S. 50-57.

Kotler, Ph.; Keller, K. (2012): Marketing Management. 14th ed. Haslow: Pearson.

Kotler, Ph./ Keller K. / Bliemel F. (2007): Marketing Management. Strategien für wertschaffendes Handeln. München: Pearson Studium.

Kotter, J. P et al. (2013): Leading Change: Wie Sie Ihr Unternehmen in acht Schritten erfolgreich verändern, Verlag: Vahlen

Krähenbühl et al. (2007): Aktive Wirtschaftsförderung in Däniken und der Region Olten: Projektarbeit FHNW

Krugman, P.R. (1994): Wettlauf der Besessenen. In: Die Zeit, 29.04.1994, S. 40-42.

Kühne, M. (2008): Die Stadt als Marke. Eine qualitativ-empirische Untersuchung zur identitätsorientierten Markenpolitik von Städten. Aachen: Shaker.

Lack, P. (2012): Gut präsentiert ist halb gefunden. In: Kommunalmagazin, Nr. 1, S.68-69.

Malecki, E.J., (2004): Jockeying for Position: What it means and why it matters to regional development policy when places compete. In: Regional Studies, 38(9), S. 1101-1120.

Matthey, M. (2012): Raumqualitäten fördern, um die Wettbewerbsfähigkeit zu stärken. SVSM Jahrestagung, Zürich, 24. Mai 2012.

Meffert, H.; Bruhn, M. (2003): Dienstleistungsmarketing. 4. Auflage. Wiesbaden: Gabler.

Mercer (2012): Quality of living worldwide city rankings-Mercer Survey [online]. URL: http://www.mercer.com/qualityoflivingpr [Stand: 15.1.2014]

Michelis, D.; Schildhauer, T. (2012): Social Media Handbuch. 2. aktualisierte und erweiterte Auflage. Baden-Baden: Nomos Verlagsgesellschaft.

Monocle (2013): The Monocle Guide to Better Living. Berlin: Gestalten.

Müller, M. (2012): Unternehmensentwicklung auf sportliche Art - Sportpsychologie und Mentaltraining im Fokus der Unternehmens- und Personalentwicklung. Deutscher Akademikerverlag

North, Douglas C. (1994): Economic Performance through Time, American Economic Review

OECD (2002): OECD Prüfbericht Raumentwicklung Schweiz. Paris: OECD Publications.

Osterwalder, A.; Pigneur, Y., Wegberg, J.T.A. (2011): Business Model Generation: Ein Handbuch für Visionäre, Spieleveränderer und Herausforderer, Verlag: Campus

Porter, Michael E. (2008): Competitive Strategy: Techniques for Analyzing Industries and Competitors, Freepress

Pro Velo Schweiz (2010): Resultat der Bevölkerungs-Umfrage "Velostädte 2010" - Gemeinden sind velofreundlicher geworden [online]. URL: http://www.nationaler-rad-verkehrsplan.de/neuigkeiten/news.php?id=2940, [Stand:11.10.2013]

Recycling-Paradies (2011): Sammelstelle [online]. URL: http://www.recycling-paradies.ch/index.php?sammelstelle [Stand:12.10.2013]

Rosset, Nicole (2011): Cantonal Marketing in a small Swiss canton (Case Obwalden). Seminar location marketing FHNW, Sarnen, 23.3.2011.

Ruch F.L. / Zimbardo Ph.G. (1974): Lehrbuch der Psychologie. Eine Einführung für Studenten der Psychologie, Medizin und Pädagogik, Berlin, Springer Verlag.

SBB in Zahlen und Fakten 2012. http://www.sbb.ch/content/sbb/de/desktop/sbb-konzern/ueber-die-sbb/der-umweltverpflichtet/_jcr_content/relatedPar/context-menu_0/downloadList/die_sbb_in_zahlen_un.spooler.download.pdf [Stand: 8. 10. 2013].

Scherer, Roland (2013): Ansiedlungen entstehen nicht von selbst. SVSM Generalversammlung, Zürich, 17. April 2013.

SOL Management Solutions (o.J.): Die kundenorientierte öffentliche Verwaltung [online]. URL: http://www.sol-sol.ch/die-kundenorientierte-offentliche-verwaltung [Stand:12.10.2013]

Statistik Austria (2013): http://www.stat.at/web_de/klassifikationen/regionale_gliederungen/gemeinden/index.html

Statisches Amt des Kantons Aargau (2009): Demographische Entwicklung bis 2035, zit. in: Schmid, M. (2010). Konzeptvorschlag Altersheim Eigenamt. Regionales Altersleitbild. Olten: Projektarbeit FHNW.

Statistisches Bundesamt Deutschland (2013): http://de.statista.com/statistik/daten/studie/1254/umfrage/anzahl-der-gemeinden-in-deutschland-nach-gemeindegroessenklassen/

Stauss B./ Seidel W. (2002): Beschwerdemanagement. Unzufriedene Kunden als profitable Zielgruppe. 4. Auflage. Berlin: Hanser.

The Economist (2013): Economist global livability report [online]. URL: http://www.eiu.com/public/topical_report.aspx?campaignid=Liveability2013, [Stand: 5.2.2014]

van der Linde, C.M. (2005): Cluster und regionale Wettbewerbsfähigkeit: Wie Cluster entstehen, wirken und aufgewertet werden. In: Cernavin, O. / Führ, M. / Kaltenbach, M. (Hrsg.): Cluster und Wettbewerbsfähigkeit von Regionen: Erfolgsfaktoren regionaler Wirtschaftsentwicklung (=Volkswirtschaftliche Schriften, 543). Berlin: Duncker & Humblot, S. 15-34.

Weltwoche (2013): Gemeinderating [online]. URL: http://www.weltwoche.ch/mehr/gemeinderating.html [Stand:15.1.2014]

Wilson, A.; Zeithaml, V.; Bitner, M. (2008): Services Marketing. Integrating Customer Focus Across the Firm. Boston, Mass: McGraw Hill.

WirtschaftsWoche (2012): Städteranking [online]. URL: www.wiwo.de/themen/Städteranking [Stand:15.1.2014]

Zeithaml et. al. (1988): Servicequalität [online]. URL: http://www.business-wissen.de/handbuch/servicequalitaet/servicequalitaet-verstehen-modelle-zur-erklaerung/ [Stand: 10.10.13]

www.tredition.de

Über tredition

Der tredition Verlag wurde 2006 in Hamburg gegründet. Seitdem hat tredition Hunderte von Büchern veröffentlicht. Autoren können in wenigen leichten Schritten print-Books, e-Books und audio-Books publizieren. Der Verlag hat das Ziel, die beste und fairste Veröffentlichungsmöglichkeit für Autoren zu bieten.

tredition wurde mit der Erkenntnis gegründet, dass nur etwa jedes 200. bei Verlagen eingereichte Manuskript veröffentlicht wird. Dabei hat jedes Buch seinen Markt, also seine Leser. tredition sorgt dafür, dass für jedes Buch die Leserschaft auch erreicht wird

Autoren können das einzigartige Literatur-Netzwerk von tredition nutzen. Hier bieten zahlreiche Literatur-Partner (das sind Lektoren, Übersetzer, Hörbuchsprecher und Illustratoren) ihre Dienstleistung an, um Manuskripte zu verbessern oder die Vielfalt zu erhöhen. Autoren vereinbaren unabhängig von tredition mit Literatur-Partnern die Konditionen ihrer Zusammenarbeit und können gemeinsam am Erfolg des Buches partizipieren.

Das gesamte Verlagsprogramm von tredition ist bei allen stationären Buchhandlungen und Online-Buchhändlern wie z.B. Amazon erhältlich. e-Books stehen bei den führenden Online-Portalen (z.B. iBook-Store von Apple) zum Verkauf.

Seit 2009 bietet tredition sein Verlagskonzept auch als sogenanntes «White-Label» an. Das bedeutet, dass andere Personen oder Institutionen risikofrei und unkompliziert selbst zum Herausgeber von Büchern und Buchreihen unter eigener Marke werden können.

Mittlerweile zählen zahlreiche renommierte Unternehmen, Zeitschriften-, Zeitungs- und Buchverlage, Universitäten, Forschungseinrichtungen, Unternehmensberatungen zu den Kunden von tredition. Unter www.tredition-corporate.de bietet tredition vielfältige weitere Verlagsleistungen speziell für Geschäftskunden an.

tredition wurde mit mehreren Innovationspreisen ausgezeichnet, u.a. Webfuture Award und Innovationspreis der Buch-Digitale.

tredition ist Mitglied im Börsenverein des Deutschen Buchhandels.